Alles Gute zum Geburtstag
(und eine erholsame Reise)

25.07.1978

Hugo + Irmgard

(nebst Anhang)

BRASILIEN

MAI'S WELTFÜHRER NR. 24

MAI'S AUSLANDSTASCHENBÜCHER (1...)
MAI'S WELTFÜHRER (1a...)

enthalten Reiseführer für ff. Länder und Städte in alphabetischer Reihenfolge der Nummern der Buchreihen 1 und 1a in Klammern.

Afghanistan (13a)
Algerien (20)
Äquatorial-
    Guinea (31)
Arabische
    Emirate (34)
Argentinien (14a)
Äthiopien (29)
Australien (5)
Bahamas (28)
Bahrain (34)
Bali (12a)
Barbados (28)
Belize (28)
Benin (24)
Bermudas (28)
Bhutan (18a)
Bolivien (8a)
Brasilien (24a)
Brunei (9a)
Burundi (29)
Ceylon, s. Sri Lanka
Chile (17a)
VR China (33)
Costa Rica (28)
Dominikan. Rep. (28)
Ecuador (22a)
Elfenbeinküste (24)
El Salvador (28)
Gabun (31)
Gambia (24)
Ghana (24)
Grenada (28)
Guadeloupe (28)
Guatemala (28)
Guinea (24)
Guinea-Bissau (24)
Haiti (28)

Hawaii (32)
Honduras (28)
Hongkong (10a)
Indien (6)
Indonesien (12a)
Iran (2a)
Jamaica (28)
Japan (27)
Java (12a)
Jemen (34)
Jungfern-Inseln (28)
Kamerun (31)
Kanada (10)
Kapverden (24)
Kenia (29)
Kolumbien (7a)
Komoren (23a)
VR Kongo (31)
Kuba (28)
Kuwait (34)
Liberia (24)
Libyen (20)
Macao (10a)
Madagaskar (23a)
Malaysia (9a)
Mali (24)
Marokko (20)
Martinique (28)
Mauretanien (24)
Mauritius (23a)
Mexiko (21a)
Nepal (18a)
Neuseeland (15a)
Nicaragua (28)
Niederländische
    Antillen (28)
Niger (24)
Nigeria (24)

Obervolta (24)
Oman (34)
Pakistan (25a)
Panama (28)
Paraguay (11a)
Peru (6a)
Philippinen (19a)
Puerto Rico (28)
Qatar (34)
Réunion (23a)
Ruanda (29)
Sahara (20a)
Saudi-Arabien (34)
Senegal (24)
Seychellen (23a)
Sierra Leone (24)
Sikkim (18a)
Singapore (9a)
Somalia (29)
Sri Lanka (16a)
Südafrika (4)
Südjemen (34)
Südsee (32)
Südwestafrika (4)
Sudan (29)
Tansania (29)
Thailand (1a)
Togo (24)
Trinidad u.
    Tobago (28)
Tschad (31)
Tunesien (20)
Uganda (29)
USA (9)
Venezuela (4a)
Zaire (31)
Zentralafrikan.
    Republik (31)

MAI'S WELTFÜHRER NR. 24

BRASILIEN

Reiseführer mit Landeskunde

VON

DR. ARMIN DORN

6. neubearbeitete Auflage
Mit 8 Karten und Plänen sowie 10 Fotos

MAI'S REISEFÜHRER VERLAG

6. neubearbeitete Auflage 1978

Alle Rechte vorbehalten
© Mai Verlag GmbH & Co. Reiseführer KG 1978
Anschrift: Mai's Reiseführer Verlag, Unterlindau 80, 6000 Frankfurt 1
Gesamtherstellung: Ploetz GmbH, A-9400 Wolfsberg
Printed in Austria

ISBN 3-87936-122-3

Inhalt

Teil I: Land und Leute

Beginn und Geschichte Brasiliens 13
    Die koloniale Epoche 13
    Das Kaiserreich 16
    Die Republik 16

Natur und Landschaft 19
    Lage und Größe 19
    Landesnatur 20
    Klima 21
    Pflanzenwelt 22
    Tierwelt 23

Bevölkerungskunde 24
    Größe und Verteilung, Bevölkerungswachstum . . . 24
    Verstädterung, Altersaufbau, Rassische Zusammensetzung 25
    Die ethnischen Grundelemente 26
    Die Portugiesen und ihre Abkömmlinge 28
    Neger und Mulatten 28
    Einwanderer 29
    Deutschsprachige in Brasilien 29

Die Ordnung des Staates 32
    Staaten, Territorien, Gemeindebezirke, Bund 33
    Nationalkongreß und Bundesregierung 34
    Rechtsprechung, Wahlrecht 35
    Die politischen Parteien 36
    Das Militär 37
    Nationale Symbole 38

Kultus und Kultur 38
    Das religiöse Leben 38
    Schule und Erziehung 41
    Grund- und Mittelschulen, Universitäten 42
    Deutschsprachige Schulen 43
    Presse, Rundfunk, Fernsehen, Film, Theater, Musik . 43
    Kleine Literaturgeschichte 46
    Übersetzungen ins Deutsche 48
    Malerei, Bildhauerei und Architektur 49
    Von den Wissenschaften 50

Mensch und Gemeinschaft 51
   Brasilianische Höflichkeit und Lebensart 51
   Brauchtum 55
   Familienleben 55
   Die Sprache 57
   Der Sport 58

Wirtschaft, Finanzen, Sozialverhältnisse 58
   Landwirtschaft 60
   Forstwirtschaft 62
   Viehzucht 63
   Fischfang 64
   Bergbau und Energiewirtschaft 64
   Industrie 67
   Außenhandel 70
   Bankwesen 71
   Geldwesen 71
   Soziale Verhältnisse 72
   Gesundheit und ärztliche Betreuung 73

Teil II: Der praktische Reiseführer

Reise und Verkehr 77
   Internationaler Flugverkehr 77
   Seereise 77
   Der Inlandverkehr 78
   Eisenbahnen 78
   Überlandstraßen 78
   Küsten- und Flußschiffahrt 79
   Der inländische Flugverkehr 79
   Entfernungen zwischen einigen brasilianischen Städten . 80

Vorgeschlagene Reiserouten 80

Stadtführer durch Rio 82
   Stadtrundfahrt 83
   Ausflug zum Corcovado 84
   Sehenswertes in der Innenstadt 85
   Das Nachtleben in Rio 86
   Der Karneval in Rio 87
   Die wichtigsten Museen 87
   Einige sehenswerte Kirchen 88
   Nützliche Adressen in Rio de Janeiro 88
   Ausflüge in die Umgebung 89

Stadtführer durch São Paulo 91
   Rundgang durch die Innenstadt 92
   Museen und andere Sehenswürdigkeiten 92
   Nützliche Adressen in São Paulo 93
   Ausflüge in die Umgebung 94

Das Barockgebiet von Minas Gerais 95

Stadtführer durch Brasília 97

Der Amazonas 98

Salvador (Bahia) 101

Recife (Pernambuco) 104

Eine Reise in den brasilianischen Süden 106
   Curitiba (Paraná) 106
   Der Naturpark von Iguaçu und die Wasserfälle 106
   Santa Catarina 107
   Das Land der Gaúchos (Rio Grande do Sul) 108

ABC für Brasilienreisende 110
   Abkürzungen, Andenken, Arbeitsrecht, Auskünfte, Einkäufe, Einreise/Paß/Impfung, Elektrogeräte, Feiertage, Fotografieren, Fremdenverkehrs- und Reisebüros, Gepäckbeförderung, Geselligkeit, Gesundheitsvorsorge, Getränke, Gewerkschaften, Grunderwerb, Jugendherbergen, Kleidung, Kraftfahrzeuge, Kriminalität, Lebenshaltung, Leihwagen, Mahlzeiten, Maße und Gewichte, Öffnungszeiten, Post/Telegraf/Telefon, Sozialversicherung, Sport und Hobbys, Staatsangehörigkeit, Steuern, Straßenverkehr, Tabus, Taxis, Trinkgeld, Unterkunft, Vergnügungsstätten, Verkehrsmittel, Verpflegung, Versicherungen, Verständigung, Währung und Devisen, Wehrdienst, Zeitunterschied, Zoll.

Hotelverzeichnis nach Orten und Klassen 121

Wichtige Adressen 125

Kleine Sprachkunde 127

Bibliographie 133

Register 137

Die landeskundlichen Karten sind uns vom Statistischen Bundesamt, Wiesbaden, die Karten „Brasilien" und „Die Zentralstaaten Brasiliens" vom Bundesverwaltungsamt — Amt für Auswanderung, Köln, freundlicherweise zur Verfügung gestellt worden.

Herausgeber:
Industrie- und
Handelskammer
Mittlerer Neckar,
Stuttgart

Auslandsreisen

Vorbereitung · Durchführung

Wo Reisen ins Ausland geplant und durchgeführt werden, ist das in seiner Art einzige Loseblattwerk „Auslandsreisen" unentbehrlich. Auch Sie arbeiten sicher und schnell mit dem Länderbuch, das durch Ergänzungslieferungen immer auf dem neuesten Stand gehalten wird.
Seit über vier Jahrzehnten Tausende von zufriedenen Beziehern!

„... für die Arbeit bei Wirtschaftsorganisationen, Verbänden, Firmen und nicht zuletzt bei Reisebüros ein unentbehrlicher Ratgeber."
Deutscher Reisebüro-Verband e. V. (DRV), Frankfurt/M.

J. Fink Verlag · 7000 Stuttgart 1 (Süd) · Gebelsbergstraße 41

Dies Buch stellt sich vor

Brasilien ist ein Land von ungeheurer Weite, mit vielen unerschlossenen Gebieten und unermeßlichen Zukunftsmöglichkeiten. Der größte Teil seiner 115 Millionen Menschen lebt an der Küste des Atlantik. Ein solches Land in den Griff zu bekommen, ist Mühe und Wagnis und muß Wünsche offen lassen. Wer sich dessen bewußt bleibt, wird doch überrascht sein, wie gründlich, weitsichtig, überschaubar, durchsichtig der Verfasser den gewaltigen Stoff gemeistert hat. Überallhin dringt sein Blick und zieht alles Wesentliche, Wichtige, Merkenswerte, Getönte, Vielfarbige ans Tageslicht, so daß der Leser einen starken Eindruck im Ganzen und Einzelnen erhält.

Wer den Kontinent wechselt, muß sich ein wenig vertiefen in Geschichte, Natur und Landschaft, das Volk und seine Eigenart, den Aufbau des Staates, Kultus und Kultur, das menschliche Zusammenleben, Wirtschaft und Sozialwesen des betreffenden Landes. Sonst verliert seine Reise ihren Sinn.

Gleiches Gewicht hat in diesem Buch der praktische Reiseführer, der den Brasilienfahrer auf den besten Verkehrswegen dorthin schleust, wo er Land und Menschen am besten kennenlernt. Er lehrt ihn, mit diesen Menschen umzugehen, und bewahrt ihn vor Illusionen und Enttäuschungen. Er sorgt sich um seine Unterkunft und Verpflegung, um die günstigste Reisezeit, um sein leibliches und geistiges Wohl und Wehe. Er bezeichnet ihm wohlerwogene und erfahrene Reiserouten, leitet ihn an Hand von übersichtlichen Stadtführern durch Rio de Janeiro, São Paulo, Brasília, Salvador, Recife und erschließt ihm Landschaften wie Minas Gerais, Bahia, Paraná, Santa Catarina, Rio Grande do Sul und das Amazonasgebiet.

Wer aber das Land aus der Ferne oder in der Vorbereitung auf eine Reise kennen lernen will, findet einen so wohlgegliederten Stoff, daß er das Land plastisch vor Augen hat und sein Wissen auch als Lehrer oder Kursleiter an seine Schüler weitergeben kann.

Teil I

LAND

UND

LEUTE

Beginn und Geschichte Brasiliens

Die bisherige Geschichte Brasiliens läßt sich in drei sehr klar voneinander geschiedene Abschnitte einteilen. Der erste umfaßt die koloniale Epoche von der Entdeckung bis zur Unabhängigkeit; darauf folgt eine imperiale Zwischenzeit; und der dritte Abschnitt reicht von der Errichtung der Republik bis in unsere Tage.

Die koloniale Epoche

Man nimmt an, daß der portugiesische Seefahrer Cabral der erste Europäer war, der die Küste Brasiliens betrat. Das war im April des Jahres 1500. Cabral glaubte zunächst, eine Insel entdeckt zu haben. Er nannte das Land daher „Ilha de Vera Cruz" und nahm es gleichzeitig für die Krone Portugals in Besitz. Es lag in der bereits einige Jahre vorher im Vertrag von Tordesillas den Portugiesen zugestandenen Zone. Nachdem man festgestellt hatte, daß es sich um einen Teil eines riesigen Festlandes handelte, nannte man den neuentdeckten Landstreifen „Terra de Santa Cruz". Zu ihrer Enttäuschung suchten die Portugiesen hier vergeblich die heißbegehrten Edelmetalle. Das einzige wirtschaftlich verwertbare Gut schien das rotfärbende Brasilholz zu sein, von dem das Land seinen endgültigen Namen herleitet.

Einige Abenteurer blieben zurück, um das Brasilholz zu fällen, zu stapeln und schließlich nach Europa zu verschiffen. Die ersten portugiesischen Siedlungen entstanden in dem sonst nur von wilden und unzivilisierten Indianern bewohnten Gebiet. So verliefen die ersten dreißig Jahre, ohne daß das selbst dünn bevölkerte Portugal ernsthafte Anstrengungen zur Besiedlung seiner neuen Kolonie machte. Erst als sie durch das Auftauchen anderer europäischer Mächte und die Überfälle durch Seeräuber gefährdet schien, beschloß Portugal, größere Mengen von Siedlern nach Brasilien zu schicken. Da die Krone aber unter Geldschwierigkeiten litt, teilte sie das Land zum Zweck der Erschließung zunächst nach feudalem System in erbliche „Capitanias" auf, deren Herren eine fast unbeschränkte Machtbefugnis erhielten. Man mußte jedoch bald einsehen, daß dieses gewissermaßen private System der Kolonisierung angesichts der aus der Größe des Gebietes erwachsenden Hindernisse nicht erfolgreich sein konnte. Brasilien wurde deshalb als Kronkolonie unter eine zentrale königliche Verwaltung gestellt, deren Sitz mehr als zweihundert Jahre lang in Salvador (Bahia) eingerichtet war. Die Wirtschaft nahm auf der Basis des Zuckerrohranbaus einen gewaltigen Aufstieg. Zur Bearbeitung der lantagen benötigten die Siedler viele Arbeitskräfte. Es war naheliegend, die recht harmlosen Indianer einzufangen und zu versklaven. Die mit den ersten königlichen Gouverneuren ins Land gekommenen Jesuiten, die in den nächsten zweihundert Jahren eine gewaltige soziale und kulturelle Rolle spielen sollten, wandten sich jedoch von Anfang an gegen die Versklavung der Indianer, in deren Bekehrung zum Christentum sie ihre besondere Aufgabe erblickten. Aus diesem Grund und weil die Indianer ohnehin bei der schweren Arbeit auf den Plantagen zu schnell starben, gingen die Grundbesitzer in immer stärkerem Maß dazu über, die kräftigeren und widerstandsfähigeren Negersklaven aus den westlichen Teilen Afrikas zu importieren.

Während der portugiesische Kolonialbereich sich an der Küste entlang allmählich ausbreitete, kam es zu ernsten Zusammenstößen mit den Franzosen, die sich in der Guanabara-Bucht (Rio de Janeiro) festgesetzt hatten, von wo aus ihre hugenottischen Befehlshaber ein großes Kolonialreich gründen wollten. Erst nach längeren und heftigen Kämpfen gelang es den Portugiesen, die Eindringlinge wieder zu vertreiben. Eine weitere französische Invasion fand später im Norden Brasiliens, in Maranhão, statt. Weit gefährlicher noch war aber der Versuch der Holländer, sich in Brasilien niederzulassen. Nach einem vergeblichen Angriff auf die Hauptstadt der portugiesischen Kolonie, gelang es ihnen, sich länger als zwanzig Jahre in Pernambuco zu halten, wo sie übrigens eine vorzügliche Verwaltung einrichteten. Schließlich gelang es aber den Portugiesen doch nach langjährigen Kämpfen, sie zu schlagen. Was von diesen Bemühungen Hollands und Frankreichs, sich südamerikanische Kolonien zu erwerben, übrigblieb, sind die Besitzungen dieser Länder in dem nördlich von Brasilien gelegenen Guyana.

Inzwischen hatten die Jesuiten im Jahr 1554 die Stadt São Paulo gegründet. Sie wurde zum Ausgangspunkt für die Erweiterung des brasilianischen Territoriums durch die „Bandeirantes". Diese Abenteurer, zumeist Indianermischlinge, schlossen sich zu „Bandeiras" (Fähnlein) zusammen und unternahmen lange und gefährliche Streifzüge durch die weiten und bis dahin unbekannten Gebiete Mittel- und Südbrasiliens. Sie veranstalteten gewaltige Sklavenjagden unter den Indianern, die sie an die Plantagenbesitzer verkaufen konnten. Außerdem suchten sie nach Gold und Diamanten. Gleichzeitig erforschten sie die fernen Gebiete im Westen und dehnten das portugiesische Territorium zuungunsten des spanischen Kolonialgebietes immer weiter über den im Vertrag von Tordesillas vereinbarten Meridian hinaus aus. Endlich, um die Wende vom siebzehnten zum achtzehnten Jahrhundert herum, gelang es ihnen, reiche Goldvorkommen zu entdecken. Diese Funde führten zu einem regelrechten Goldfieber, das viele Einwanderer von der Küste ins Landesinnere zog. Dadurch wurde die Erschließung großer Teile des Hinterlandes begünstigt. Die Indianer wurden immer stärker zurückgedrängt. Die Ausbeute der gewaltigen Gold- und Diamantenvorkommen, besonders in der Gegend, die man „Allgemeines Bergbaugebiet" („Minas Gerais") nannte, bildete die materielle Grundlage für die Errichtung der brasilianischen Barock-Kultur nach europäischem Vorbild durch die kunstsinnigen Jesuiten. Die Meisterwerke der Architekten, Maler, Bildhauer und Musiker, die heute noch unsere Bewunderung erregen, drücken — dem Geist der damaligen Zeit entsprechend — tiefe Religiosität aus und dienten ganz dem sakralen Zweck, die Feierlichkeit der Gottesdienste zu erhöhen.

Reichtum und kultureller Aufschwung erhöhten auch das Selbstbewußtsein der Siedler und gaben ihnen das Gefühl einer gewissen Selbständigkeit dem Mutterland Portugal gegenüber. Ein brasilianisches Nationalbewußtsein entstand und die ersten Anzeichen einer Unabhängigkeitsbewegung wurden sichtbar. Unter dem Eindruck des siegreichen nordamerikanischen Unabhängigkeitskrieges und der großen Französischen Revolution kam es Ende des achtzehnten Jahrhunderts zu einem mißglückten Aufstand in Minas Gerais. Der Freiheitskämpfer Tiradentes wurde von der portugiesischen Kolonialverwaltung hingerichtet. Ihm ist heute ein nationaler Feiertag gewidmet. Trotz der Unterdrückungsmaßnahmen nahmen die Unabhängigkeitsbestrebungen unter den Brasilianern an Stärke zu. Im Jahre 1807 mußte der portugiesische Hof auf der Flucht von den in Portugal eindringenden napoleonischen Truppen Lissabon verlassen und sich nach Brasilien begeben. Rio de Janeiro, inzwischen zur Hauptstadt Brasiliens geworden, nahm die Herrscherfamilie auf und verwandelte sich in das Zentrum des portugiesischen Reiches. Die bisherige Kolonie Brasilien wurde in den Status eines Königreichs erhoben; sie durfte jetzt auch mit anderen Ländern Handel treiben. 1821 rief die Ständevertretung in Lissabon den König nach Portugal zurück und plante die Rückverwandlung Brasiliens in eine Kolonie. Unter diesen Umständen stellte sich der von seinem Vater als Regent in Rio de Janeiro zurückgelassene Prinz Pedro unter dem Einfluß seiner brasilianischen Berater selbst an die Spitze der Unabhängigkeitsbewegung. Am 7. September 1822 verkündete er am Ufer des Ipiranga bei São Paulo die Selbständigkeit Brasiliens. Damit erreichte er, daß er kurze Zeit darauf als Dom Pedro I. zum konstitutionellen Kaiser von Brasilien ausgerufen wurde. Portugal machte keinen ernsthaften Versuch, den Abfall seines südamerikanischen Kolonialreichs zu verhindern.

Das Kaiserreich

Dom Pedro I. regierte bis 1831, als der Unwille des Parlaments gegen seine angeblichen diktatorischen Anwandlungen und gegen den zunehmenden Einfluß portugiesischer Beamter in der Verwaltung seinen Rücktritt erzwang. Das Parlament war damals eine Versammlung reicher Grundbesitzer, die nach größerem Einfluß auf das politische Geschehen trachteten und im Grunde republikanisch eingestellt waren. Pedro I. dankte zugunsten seines noch unmündigen Sohnes ab, für den zunächst ein Regent die Herrschaft führte. In diesen Jahren kam es zu schweren Aufständen in mehreren Provinzen. Der neue Kaiser, Dom Pedro II., regierte von 1840 an fast fünfzig Jahre lang. Er war ein liberal gesinnter und außerordentlich kunstsinniger Monarch, der sich sehr bemühte, das geistige und künstlerische Niveau seines Landes zu heben. In diesen Jahren nahm Brasilien einen neuen wirtschaftlichen Aufschwung, der auf dem Kaffee-Anbau beruhte. Besonders die Staaten São Paulo und Paraná erwiesen sich als ungemein geeignet für die Anpflanzung des Kaffeestrauches. Um die Plantagen erweitern zu können, war man auf die Einführung weiterer Negersklaven angewiesen. Aber damals breitete sich in der gesamten westlichen Welt die Ansicht aus, die Sklaverei sei unmenschlich und müßte abgeschafft werden. In den fünfziger Jahren kam dann der Sklavenhandel zu einem gewissen Stillstand. Um die ausgefallenen Arbeitskräfte zu ersetzen, bemühte sich Brasilien nunmehr um freie europäische Einwanderer. Bis zum Ende des neunzehnten Jahrhunderts kam etwa eine Million europäischer Siedler ins Land, darunter eine große Anzahl von Deutschen. Sie ließen sich vor allem auf der Hochfläche von São Paulo und in den Südstaaten nieder. Als aber nicht nur die Sklaveneinfuhr unterbunden wurde, sondern die kaiserliche Regierung auch die Sklaverei selbst schrittweise abzuschaffen begann, wuchs die Empörung der dadurch wirtschaftlich geschädigten Großgrundbesitzer. Es bildete sich eine Verschwörung, bei der sich die Plantagenbesitzer mit republikanisch eingestellten Offizieren verbündeten. Als die sofortige und entschädigungslose Aufhebung der Sklaverei schließlich verwirklicht wurde, schlugen die Verschwörer zu. Der Kaiser wurde abgesetzt und die Republik ausgerufen.

Die Republik

Die republikanische Verfassung von 1891 errichtete nach dem Muster der USA-Verfassung ein Präsidentialregime und wandelte die bisherigen Provinzen des Reiches in Bundesstaaten um, die innerhalb der Union eine beträchtliche Selbständigkeit erhielten.

In den ersten Jahren der Republik lösten sich mehrere Militärdiktaturen ab. Die staatlichen Finanzen gerieten in erhebliche Unordnung. Erst um die Jahrhundertwende stabilisierten sich die politischen und wirtschaftlichen Verhältnisse. Der Baron Rio Branco, ein hervorragender Diplomat, erreichte eine Einigung mit allen angrenzenden Staaten über die friedliche Regelung der Grenzprobleme, nachdem im Laufe des 19. Jahrhunderts Brasilien verschiedene Kriege gegen Uruguay, Argentinien und Paraguay geführt hatte. Im Jahre 1917 trat Brasilien aus wirtschaftlichen Gründen der Allianz gegen die Mittelmächte bei, ohne sich indes aktiv am Krieg in Europa zu beteiligen. In den zwanziger Jahren bemühte man sich, die Landwirtschaft vielseitiger zu gestalten, das Land verkehrsmäßig stärker zu erschließen und die Industrialisierung einzuleiten.

1930 führte die Weltwirtschaftskrise zum Zusammenbruch des Kaffeepreises. Der Ruin der Pflanzer und aller, die direkt oder indirekt vom Kaffee-Anbau lebten, war die Folge. In dieser für die brasilianische Wirtschaft katastrophalen Situation riß der Politiker Getúlio Vargas die Macht an sich. Nach faschistischem Vorbild errichtete er einen autoritären Staat. Die Entwicklung erreichte 1937 mit der Errichtung des „Estado Novo" ihren Höhepunkt. Die Macht des Präsidenten erfuhr eine gewaltige Stärkung, während das Parlament nach Auflösung der politischen Parteien ein unbedeutendes Schattendasein führte. Zentralstaatliches Denken setzte sich gegenüber den föderalistischen Prinzipien durch und die Assimilierung der deutsch und italienisch sprechenden Minderheiten wurde forciert. Im Zweiten Weltkrieg hielt sich Brasilien lange Zeit neutral und äußerte sogar gewisse Sympathien für die Achsenmächte. Erst 1942 trat es unter dem Druck der USA in den Krieg ein. Nordostbrasilianische Flugplätze waren von großer strategischer Bedeutung für die Alliierten. Die brasilianische Wirtschaft profitierte von der Lieferung einiger für die Kriegsführung wichtiger Rohstoffe. Ein brasilianisches Expeditionskorps wurde bereitgestellt und bei den Kämpfen in Italien eingesetzt.

Nach dem Sieg über den europäischen Faschismus regte sich auch in Brasilien die Opposition gegen das autoritäre Regime. Vargas wurde zum Rücktritt gezwungen. Eine neue Verfassung stellte die demokratische Ordnung wieder her. 1950 wurde dann aber Vargas in freien Wahlen ins Präsidentenamt zurückgerufen. Er hielt sich jetzt strikt an die Verfassung und bemühte sich, ein soziales Reformprogramm zu verwirklichen. 1954 wurde er in einen Korruptionsskandal verwickelt und beging Selbstmord, um einer zweiten Absetzung zu entgehen und seine politischen Ideen zu retten. Unter der Präsidentschaft von Juscelino Kubitschek erlebte Brasilien eine erstaunlich schnelle Industrialisierung und den Bau der neuen Hauptstadt Brasília. Diese Entwicklung führte aber auch zu einer sich immer stärker beschleunigenden Inflation, die nach mehr als zwei Jahrzehnten noch nicht überwunden ist.

1960 trat Jânio Quadros die Präsidentschaft an, mit dem Ziel, die Inflation zu einem Ende zu bringen und die weit um sich greifende Korruption in allen Bereichen des öffentlichen Lebens zu beseitigen. Als ihm die für die Durchführung seines Programms für erforderlich gehaltenen Vollmachten nicht gewährt wurden, trat er verärgert und enttäuscht zurück und machte damit Platz für die Präsidentschaft von João Goulart, der einen mehr oder weniger sozialistischen Staat errichten wollte. Diese Entwicklung wurde im Frühjahr 1964 durch das Eingreifen des Militärs verhindert, das nach einem Putsch den Marschall Castelo Branco als Präsidenten einsetzte. Die „linken" Politiker flohen ins Ausland oder wurden in Gefängnishaft genommen. Ende 1965 wurden nach einem aufsehenerregenden Wahlsieg der oppositionellen Parteien bei den Gouverneurswahlen alle politischen Parteien aufgelöst; an ihre Stelle traten zwei von der Regierung zugelassene Gruppierungen: die regierungstreue „Allianz der nationalen Erneuerung" (ARENA) und die „Brasilianische Demokratische Bewegung" (MDB), welche die Rolle der Opposition zu übernehmen hatte. Ende 1966 wurde Castelo Branco durch den Kriegsminister Marschall Costa e Silva in der Präsidentschaft abgelöst. Die brasilianische Verfassung von 1967 stärkte die Machtstellung des Präsidenten. Im gleichen Jahr bildete sich die „Breite Front" aller oppositionellen Kräfte unter der Führung von Kubitschek und Lacerda und unterstützt von Quadros und Goulart. Gleichzeitig trat eine starke studentische Linksbewegung in Erscheinung. Auch der katholische Klerus schloß sich weitgehend der oppositionellen Front an. In dieser Situation sah sich das Militärregime gezwungen, das vorsichtig eingeleitete Experiment der „Redemokratisierung" abzubrechen und zur autoritären Linie zurückzukehren. Das Parlament wurde aufgelöst, die Pressezensur verschärft. Es kam zu einer Vielzahl von Verhaftungen und zu Folterungen politischer Gegner. Mordkommandos, die sich aus Polizisten zusammensetzten, liquidierten auf ihren Streifzügen politische Gegner und kriminelle Elemente in gleicher Weise.

Nachdem Costa e Silva aus Gesundheitsgründen sein Amt niederlegen mußte, und nach einer kurzen Übergangszeit unter einem Triumvirat, übernahm Ende 1969 der General Emílio Garrastazu Medici das Präsidentenamt. Zugleich wurde eine neue Verfassung verkündet, der 1972 eine weitere folgte. Sie fielen insgesamt noch weniger liberal aus als die Verfassung des gleichen Militärregimes von 1967; sie sind überdies durch den Institutionellen Akt 5 und eine Reihe weiterer Erlässe überlagert, aufgrund deren die militärischen Machthaber nach ihrem Ermessen alle Verfassungsgarantien außer Kraft setzen können.

In den folgenden Jahren gelang es der Regierung, die bewaffnete Widerstandsbewegung in den Städten, die vor allem durch spektakuläre Entführungen von Diplomaten von sich reden gemacht hatte, völlig aufzureiben. Gleichzeitig unternahm sie auf der Basis einer erfolgreichen Wirtschaftspolitik eine Reihe von Maßnahmen, um die Sympathien der breiten Bevölkerung auf sich zu ziehen: das „Programm der sozialen Integration" sieht eine Gewinnbeteiligung der Arbeitnehmer über einen nationalen Fonds vor; der soziale Wohnungsbau wird staatlich gefördert; die Bodenreform auf Entschädigungsbasis wird weitergeführt; ein großangelegtes Projekt der Erschließung und Besiedelung der Urwaldgebiete am Amazonas soll die nationale Begeisterung heben und neue Energien in Bewegung setzen; die Sozialgesetzgebung erfaßt nunmehr auch die Landarbeiter; eine gewaltige Alphabetisierungskampagne wurde in Gang gesetzt. 1970 errang die Regierungspartei ARENA einen großen Wahlsieg. 1974 endete die Amtszeit von Medici. Sein Nachfolger, General Ernesto Geisel, ist der erste deutschstämmige und der erste nichtkatholische Präsident Brasiliens. Obwohl Geisel ein hohes Maß an Rechtsstaatlichkeit und bürgerlichen Freiheiten verwirklichen möchte, sind auch unter seiner Präsidentschaft einer Redemokratisierung deutliche Grenzen gesetzt, denn jegliche Liberalisierung findet ihre Grenzen da, wo die Stabilität der bestehenden, den Interessen einer oberen Schicht genehmen Ordnung ernsthaft gefährdet erscheint. Während die außerparlamentarische Opposition und der politische Terrorismus weitgehend ausgeschaltet sind, gelang es der parlamentarischen Opposition (MDB) bei den Wahlen zum Bundesparlament im November 1974 immerhin 160 von 364 Sitzen zu erringen. Die innenpolitische Situation des Landes ist durch ein delikates Gleichgewicht gekennzeichnet, angesichts dessen die Regierung und die Streitkräfte nicht auf Ausnahmegesetzgebung und Gewaltanwendung verzichten mögen. Als Nachfolger Geisels ist General Batista Figueiredo vorgesehen.

Natur und Landschaft

Lage und Größe

Brasilien bedeckt mit einer Ausdehnung von achteinhalb Millionen Quadratkilometern die östliche Hälfte des südamerikanischen Kontinents. Es ist damit **eines der größten Länder der Erde** und umfaßt ein Gebiet, das so groß ist wie ganz Europa ohne Rußland. Es erstreckt sich vom fünften Grad nördlicher Breite bis zum dreiunddreißigsten Grad südlicher Breite, liegt also mit seiner Hauptmasse in den Tropen. Die größte Entfernung von Norden nach

Süden beträgt 4300 km; das entspricht etwa der Strecke vom Nordkap bis nach Sizilien. Mit seiner größten Breite von ebenfalls rund 4300 km liegt Brasilien zwischen dem vierunddreißigsten und dem vierundsiebzigsten Grad westlicher Länge; das entspräche der Entfernung zwischen Lissabon und Helsinki.

Brasilien grenzt über fast 16 000 km im Norden an Französisch-Guyana, Surinam und Guyana sowie an Venezuela und Kolumbien, im Westen an Peru, Bolivien, Paraguay und Argentinien und im Süden an Uruguay. Die östliche Begrenzung bildet der Atlantische Ozean; die Küstenlänge beträgt 7400 km.

Landesnatur

Geologisch betrachtet, kann man Brasilien in **drei Zonen** aufteilen: das ausgedehnte Tiefland des Amazonas, das brasilianische Bergland und das Massiv von Guiana. Das hervorstechendste Merkmal der brasilianischen Landschaft ist die Weiträumigkeit der Tiefebenen und Hochflächen. 40% des Landes sind niedriger als 200 m, nur 3% liegen über 900 m. **Die höchsten Erhebungen** sind der „Pico da Neblina" (3014 m) und der Gipfel „31 de Março" (2992 m), die beide zum Bergland von Guiana gehören und unmittelbar an der venezolanischen Grenze liegen.

Der gesamte Norden und Westen Brasiliens, das heißt die Staaten Pará, Amazonas, Acre und Mato Grosso, sowie die drei Bundesterritorien Amapá, Roraima und Rondônia, sind durch die geologischen Eigenarten der Amazonassenke bestimmt, die im Norden zum Hochland von Guiana ansteigt. Im Südosten geht das Amazonas-Becken allmählich in das sanft ansteigende Brasilianische Bergland, die eigentliche Kernlandschaft Brasiliens, über. Dieses sich über dreißig Längen- und Breitengrade ausdehnende Plateau ist ein Rumpf archaischer Gesteine, der von jüngeren Sedimenten überdeckt ist. Nur an wenigen Stellen wie vor allem am „Pico da Bandeira" (2890 m), erreicht er eine größere Höhe, um dann steil zur Küste hin abzufallen, wodurch zuweilen bizarre Felsformen entstehen. Die parallel zur Küste verlaufenden Höhenzüge tragen den Namen „Serra do Mar" („Meeresgebirge"); sie ziehen sich bis weit in den brasilianischen Süden hin und laufen dann zum Küstengebiet des La Plata-Beckens aus.

Mehr als zwei Drittel Brasiliens entwässern zum **Amazonas-Strom.** Diese gewaltige Wasserader — nach dem Missouri-Mississippi die längste der Welt — besitzt eine Länge von 3200 km allein auf brasilianischen Gebiet. Der Amazonas ist bis in peruanisches Territorium hinein schiffbar. Bei Manaus beträgt die Breite des Flusses bereits fünf Kilometer und im Mündungsdelta erreicht die Gesamtbreite des weit in den Ozean hinausströmenden Süßwassermeeres 250 km. Der zweitgrößte Fluß Brasiliens ist der 300 km lange **São Francisco,** der 250 km vor seiner Mündung die für die Elektrizitätserzeugung Brasiliens so wichtigen **Paulo-Afonso-Wasserfälle** aufweist. Von den übrigen Flüssen seien noch der **Paraguai,** der **Paraná** und der **Uruguai** genannt, über welche die südlichen Hochländer und Teile der Zentralstaaten nach dem La Plata hin entwässern und die ebenfalls von gewaltiger Bedeutung für die Energiegewinnung sind. Ein Nebenfluß des Paraná ist auch der **Iguaçu mit seinen weltberühmten Wasserfällen.** An stehenden Gewässern gibt es Sumpfseen im Amazonasbecken und in Mato Grosso sowie Lagunen entlang der Küste, vor allem in den Staaten Rio Grande do Sul und Rio de Janeiro.

Klima

Der **Norden Brasiliens hat schwüles tropisches Klima,** das für Europäer auf die Dauer schwer zu ertragen ist. Die jährliche und auch die tägliche Temperaturschwankung beträgt nur wenige Grade. Die heißeste Jahreszeit sind die Monate September und Oktober mit einer mittleren Temperatur von 28 Grad. Der kälteste Monat ist der Februar mit einer Durchschnittstemperatur von 25 Grad; die größten Regenmengen fallen zwischen Dezember und März. Die jährliche Niederschlagsmenge schwankt zwischen 2000 und 3000 mm. Es gibt viele Gewitter. Die Luftfeuchtigkeit liegt immer bei 90 Prozent.

In den übrigen Teilen Brasiliens sind die heißesten Monate Januar und Februar, die kältesten Juli und August. Zu den Tropen gehören noch der Nordosten, der Osten und Zentralbrasilien. Die **Küstenregion ist warm und feucht,** nach Süden hin nimmt die Temperatur ein wenig ab. Sie zeigt ein Tagesmittel von 26—28 Grad im Januar und etwa 23 Grad im Juli. Die Niederschlagsmenge liegt zwischen 1000 und 2000 mm, die Luftfeuchtigkeit um 80%. Der meiste Regen fällt in der heißen Jahreszeit. — Die abseits der Küste gelegenen Gebiete haben ein weniger heißes und zumeist auch trockenes Klima. In einigen Regionen des Nordostens sind die Regenfälle so unregelmäßig, daß es immer wieder zu großen Dürreperioden kommt; andere Gebiete im Innern haben dagegen ständig genügend Feuchtigkeit. Das **Klima auf der Hochebene ist im allgemeinen für Europäer gut geeignet.** Hier gibt es größere jährliche und auch tägliche Temperaturschwankungen. In der warmen Jahreszeit liegt das Tagesmittel bei 22—25 Grad, in der kalten bei 18 Grad. Es gibt aber viele lokale Abweichungen. Die jährlichen Niederschläge betragen 300—1500 mm, die Luftfeuchtigkeit liegt bei 60%.

Außerhalb der Tropen liegen die brasilianischen Südstaaten. Schon von São Paulo an herrscht überwiegend gemäßigtes Klima. Der Unterschied zwischen Sommer und Winter ist stark ausgeprägt, auch im Verlauf eines Tages schwanken die Temperaturen beträchtlich. Im Januar herrscht eine Mitteltemperatur von 19 bis 26 Grad. Die höchste Temperatur wird in Alegrete im Staat Rio Grande do Sul gemessen: 42 Grad. Dagegen bringt der Winter oft eine empfindliche Kälte mit Temperaturen bis unter 0 Grad, so daß hier auch Frost und Schnee auftreten. Die Kälteeinbrüche werden häufig von einem starken, kalten Wind begleitet, dem „Minuano". Die Regenfälle, die etwa 1250 mm im Jahr betragen, verteilen sich — je weiter man nach Süden kommt — immer gleichmäßiger über alle Jahreszeiten. Die Luftfeuchtigkeit beträgt rund 80%.

Für Europäer hat **Rio de Janeiro** die besten Temperaturen in seinen Wintermonaten Juni bis Oktober, während es von November bis Mai ziemlich drückend heiß ist. Hinzu kommt noch, daß in den heißen Sommermonaten monatlich etwa 120 mm Niederschlag fallen, während der Winter mit der Trockenzeit zusammenfällt. Im Juli, dem kältesten Monat, beginnt der Tag mit 17 Grad, bis zum Mittag steigt die Temperatur auf 23 Grad. Hingegen werden im Februar um die Mittagszeit zwischen 30 und 40 Grad gemessen.

In **São Paulo** regnet es viel. Die Temperaturen liegen vor allem morgens und abends beträchtlich unter denen von Rio.

In **Brasília** gibt es keine großen Temperaturschwankungen zwischen Sommer und Winter. Dagegen ist die Regenzeit von der Trockenzeit sehr scharf geschieden. Während es zwischen November und Februar bis zu 370 mm im Monat regnet, verzeichnet man im Juni und Juli fast gar keine Niederschläge. Die durchschnittliche Luftfeuchtigkeit beträgt rund 60%.

Pflanzenwelt

Mehr als die Hälfte des brasilianischen Territoriums ist von **riesigen Wäldern** bedeckt. Am ausgedehntesten sind die fast undurchdringlichen und deshalb noch weitgehend unerforschten tropischen Wälder des Amazonas-Beckens und des Mato Grosso, die 12% des Waldbestands der Erde darstellen. Bisher hat man mehr als viertausend verschiedene Baumarten klassifizieren können. Man unterscheidet zwischen den niedrigeren Wäldern der „Várzea", der Überschwemmungsgebiete in der Nähe der großen Flüsse, und den ständig trockenen Wäldern des überschwemmungsfreien Landes, die Baumhöhen bis zu 45 m erreichen. Hier wachsen der Kautschukbaum, zahlreiche Edelhölzer, Palmen, der wilde Kakao und der Guaraná. Wirtschaftlich nutzbar sind auch noch verschiedene ölhaltige oder zur Arzneiherstellung verwertbare Früchte.

Den Regenwäldern der Äquatorregion vergleichbar waren die tropischen Wälder an der brasilianischen Küste. Heute ist nur in den Staaten Espírito Santo und Rio de Janeiro der ursprüngliche Bestand noch einigermaßen erhalten, während in anderen Staaten die Wälder weitgehend abgeschlagen oder abgebrannt wurden. Größere Wälder bestehen heute noch im wasserreichen Paraná-Tal, wo mit dem **Naturpark von Iguaçu ein Waldreservat** eingerichtet wurde. Die Hochebenen von Paraná und Santa Catarina sind zum Teil noch mit wertvollen Araukarien (brasilianischen Pinien oder „Kiefern") bedeckt, die als Bauholz sowie zur Zellstoff- und Papiererzeugung verwendet werden. Hingegen sind die Hänge und Täler der Serra do Mar fast überall mit tropischer Vegetation bedeckt. Hier findet man auch viele Orchideenarten.

Die Hochflächen des Innern bestehen aus trockenen Savannen mit niedrigen Bäumen und Gestrüpp. Man nennt diesen Landschaftstyp „Campos cerrados". Die noch trockeneren Gebiete des Nordosten, die sogenannten „Sertões", haben niedriges trockenes Buschzeug mit vielen Kakteen und dornigen weißstämmigen Bäumen, die ein Wachs abscheiden. Dieser Vegetationstyp wird als „Caatinga" bezeichnet. Im Mato Grosso gibt es weiterhin ein ausgedehntes, zum Teil sumpfiges Weideland, das **„Pantanal",** und im Staat Rio Grande do Sul die **„Campos limpos" der Pampa, eine baumlose Prärie.**

Die Gesamtzahl der brasilianischen Pflanzenarten wird auf zehntausend geschätzt.

Tierwelt

In den tiefen Wäldern Brasiliens leben Onças (Jaguare oder Leoparden), Hirsche, Wildschweine, Fuchs- und Hasenarten, sehr viele Affen, Tapire, Ameisenbären, Gürteltiere (Tatus), Faultiere und Ratten. An **Reptilien** gibt es das Jacaré (Krokodil), Lagarten (große Eidechsen), die Süßwasser-Schildkröte und viele Schlangen. Die größten Schlangen, die Anaconda und die Boa Constrictor sind ungiftig; dagegen sind die kleineren Schlangen zum Teil sehr giftig. Die vielen **Vogelarten** Brasiliens (1680 Arten, davon 1110 Arten im Amazonasgebiet) zeichnen sich durch große Farbenpracht aus. Es existiert eine Reihe von Papageien, unter denen der Arara besonders geschätzt wird. Andere verbreitete Vögel sind der Kolibri, der Tukan, der Araponga und eine Anzahl von Wildenten, Rebhühnern, Sperbern usw. Unter den vielen **Fischen** der brasilianischen Flüsse seien der Pintado, der Mandi, der Cascudo, der Dourado, der Jaú und der Pacu genannt. In manchen Flüssen des Nordwestens gibt es Schwärme der kleinen blutgierigen Piranhas, die mit ihren messerscharfen Zähnen in Sekundenschnelle auch größere Säugetiere bis zum Skelett abnagen. Auch die **Insektenwelt** ist sehr vielseitig: es gibt herrliche Schmetterlinge in allen Größen, viele Sorten oft sehr bunter Käfer, Spinnen, Moskitos und Ameisen.

Mit zunehmender Besiedlung des Landesinneren, vor allem auch des brasilianischen Nordens und Westens, mit Straßenbau und Rodung, verschwinden leider immer größere Teile der brasilianischen Fauna. Vor allem der Bestand an größeren Säugetieren geht rapide zurück.

Bevölkerungskunde

Größe und Verteilung

Brasilien ist mit etwa 115 Millionen Menschen der bei weitem volksreichste aller lateinamerikanischen Staaten. **Die Hälfte aller Südamerikaner sind Brasilianer.** Dennoch ist die durchschnittliche Bevölkerungsdichte noch sehr gering. Sie beträgt 13 Personen je Quadratkilometer. Das Land ist so groß, daß es noch ein Vielfaches der heutigen Bevölkerung aufnehmen kann.

Die Bevölkerungsverteilung auf die verschiedenen Landesteile ist allerdings sehr uneinheitlich. Gebiete mit einer Bevölkerungsdichte von mehr als 25 Personen pro Quadratkilometer gibt es nur in den Südstaaten, in São Paulo und an den Küstenstreifen des Ostens und Nordostens. Aber auch hier bestehen noch große Unterschiede in der Verteilung. Besonders konzentriert sich die Bevölkerung in und um die großen Städte: Rio de Janeiro, das große politische und kulturelle Zentrum, und São Paulo, das industrielle Herz Brasiliens. Das weite Binnenland mit den Staaten Goiás, Mato Grosso, Acre, Amazonas und Pará nimmt zwar rund 55%/o der Oberfläche Brasiliens ein, beherbergt aber nur etwa 7%/o der Bevölkerung.

Bevölkerungswachstum

Das Wachstum der Bevölkerung ist außerordentlich stark. Diese Zunahme ist nur zu einem sehr geringen Teil auf Einwanderung zurückzuführen. Der Hauptgrund ist die **hohe Geburtenrate.** Sie beträgt 3,7%/o.

Demgegenüber ist die **Sterblichkeit,** die früher einmal 3,3%/o betrug, auf 0,9%/o zurückgegangen. Sie ist zurückzuführen auf die vielen Infektionskrankheiten. Für Brasilien insgesamt rechnet man mit einer durchschnittlichen **Lebenserwartung von 55 Jahren.** Dabei ist zu berücksichtigen, daß die Weißen eine höhere Lebenserwartung haben als die Neger oder Indianer, und die Frauen eine höhere als die Männer. Besonders hoch ist die **Kindersterblichkeit.** Sie beträgt im Durchschnitt etwa 10%/o, erreicht aber in gewissen Teilen des Landes, vor allem im Nordosten, sogar eine Höhe bis zu 40%/o.

Angesichts der hohen Fruchtbarkeit der Brasilianerin wächst die Bevölkerung Brasiliens dennoch jedes Jahr um 2,8%.

Verstädterung

Mit der Bevölkerungsvermehrung ist eine zunehmende Verstädterung verbunden. Die brasilianischen Städte, die zu den am schnellsten wachsenden in der Welt gehören, nehmen schon heute mehr als die Hälfte der Bevölkerung Brasiliens auf. So ergibt es sich, daß in den großen Städten die Menschen sehr dicht zusammenleben, während sich nicht weit davon entfernt fast unbewohnte Gegenden befinden. Die **Binnenwanderung ist sehr stark.** Der Grund dafür ist das wirtschaftliche Gefälle zwischen verschiedenen Landesteilen und vor allem zwischen Stadt und Land. So kommen besonders die Menschen aus den Dürregebieten des Nordostens an die Küste und in die Städte Rio, São Paulo und Belo Horizonte sowie in den Süden, besonders nach Paraná. Dort erwarten sie Arbeit und Essen. Sehr häufig jedoch gibt es da nicht genügend Arbeit, jedenfalls nicht für ungelernte Tagelöhner. Außerdem sind diese Menschen nicht an das städtische Leben angepaßt und es fällt ihnen schwer, sich umzustellen. So bildet sich das städtische Subproletariat, das in Favelas (Elendsvierteln) wohnt, zerlumpt, schmutzig, hungrig. Viele sterben nach kurzer Zeit, manche kehren enttäuscht in ihre Heimat zurück, nur wenigen gelingt es, zu einem gewissen Wohlstand zu kommen.

Altersaufbau

Der Altersaufbau der Bevölkerung zeigt wegen der niedrigen Lebenserwartung einen hohen Anteil der Kinder und Jugendlichen. Von 1000 Brasilianern sind 417 unter 15 Jahre alt, und nur 37 älter als 65 Jahre.

Rassische Zusammensetzung

Es gibt noch keine einheitliche brasilianische Rasse. Heute gliedert sich die brasilianische Bevölkerung rassisch etwa folgendermaßen: 62% werden der **weißen Rasse** zugerechnet, 11% werden als reine **Neger** angesehen, 26% sind **Mulatten**, also Mischlinge zwischen Weißen und Negern, und der Rest sind **Indianer, Indianermischlinge** und **Japaner.** Die Mischlinge zwischen Indianern und Weißen nennt man Mestizen oder Caboclos, die Mischlinge zwischen Indianern und Negern werden als Cafuzos bezeichnet.

Die genannten Zahlen über die rassische Zusammensetzung können jedoch nur als Näherungswerte verstanden werden, vor allem, weil viele der „Weißen" schon das Ergebnis früherer Mischungen sind und auch ihrem Aussehen nach in anderen Ländern nicht unbedingt als Weiße klassifiziert würden. Insbesondere werden alle Caboclos der weißen Rasse zugerechnet. Zu Beginn des 19. Jahrhunderts, als Brasilien nur vier Millionen Einwohner hatte, soll die rassische Zusammensetzung folgendermaßen ausgesehen haben: 1 Million Weiße, 2 Millionen Neger und Mulatten und 1 Million Indianer.

Die ethnischen Grundelemente

Die **Indios** (Indianer) sind die brasilianische Urbevölkerung. Man glaubt, daß ihre Vorfahren in einer Zeit, die bis zu 30 000 Jahre zurückreicht, aus Sibirien über die Bering-Straße zunächst nach Nordamerika eingedrungen sind und sich in der Folgezeit immer mehr nach Süden hin ausgebreitet haben. Als die Portugiesen in Brasilien eintrafen, soll die Zahl der Indios mehrere Millionen betragen haben. Durch Ausrottung, Versklavung, Vermischung, Vertreibung und Krankheiten ist ihre Zahl drastisch zurückgegangen. Heute schätzt man die Zahl der brasilianischen Indianer auf höchstens 60 000, von denen zwei Drittel im Amazonasgebiet leben.

Die **brasilianischen Indianer** sind von durchschnittlicher Größe und stämmig gebaut, sie haben geschlitzte Augen, eine etwas platte Nase und glattes schwarzes Haar. Die Männer haben nur geringen Bartwuchs. Man unterscheidet vier getrennte Sprachenfamilien, nämlich Tupi-Guaraní, Aruak, Karib und Jê; dazu kommt noch eine Reihe kleinerer — z. T. noch unbekannter — Sprachen. Unabhängig von der sprachlichen Klassifizierung lassen sich **elf kulturelle Zonen** unterscheiden; nach der Zahl der Stämme sind am wichtigsten die Nordamazonas-Zone, die Zone Juruá-Purus, und die Zonen Guaporé, Tocantins-Xingu, Oberer Xingu und Tapajós-Madeira.

Die Waldindianer leben von der Jagd, vom Fischfang, vom Sammeln von Waldfrüchten und vom Anbau einiger weniger Feldfrüchte, wie Mais und Maniok. Jeder Stamm hat einen Häuptling („tuxaua" in der Guaraní-Sprache) und einen Medizinmann („pajé"). Bei manchen Stämmen ist die Häuptlingswürde erblich, z. B. bei den Bororos, woanders werden die Häuptlinge gewählt; es gibt zuweilen auch Ältestenräte. Die **Religion der Indios** beruht auf dem Ahnenkult. Die brasilianischen Indianer sind zumeist monogam und heiraten in der Regel innerhalb des eigenen Stammes; bei Frauenmangel kommt es aber zuweilen auch zum Raub von Frauen eines Nachbarstammes. In manchen Stämmen wird die Familienzugehörigkeit durch die väterliche Linie bestimmt, in anderen durch die mütterliche. Den Männern obliegt der Bau der Häuser, die in der Xingu-Zone einen Durchmesser von 25 Metern und eine Höhe von 10 Metern erreichen und etwa 50 Personen beherbergen; die Männer übernehmen auch die Rodung des Urwalds, das Pflanzen, das Jagen und Fischen, sowie die Herstellung von Körben und hölzernem Werkzeug. Die Frauen haben sich um die Kinder und um die Zubereitung des Essens zu kümmern; außerdem bringen sie die Ernte ein, weben und töpfern.

Die **Kunst der Indios** beschränkt sich im wesentlichen auf die Töpferei, die Herstellung von Federschmuck, Körperbemalung, Tanz und Musik. Die schönsten keramischen Gegenstände werden heutzutage von verschiedenen Stämmen der Xingu-Zone hergestellt. Bezüglich des Federschmucks ist auf die Stämme der Bororos (Mato Grosso) und der Kayapós (Pará) zu verweisen. Einige Stämme, etwa in der Xingu-Region, tragen den „Batok", eine Holzscheibe, zur Vergrößerung der Lippen oder Ohrläppchen. Der **Tanz** hat zumeist religiöse Bedeutung. **Chorgesang** spielt eine große Rolle bei Beerdigungen. Als **Musikinstrumente** benutzt man vor allem Flöten und Rasseln.

Große Meister sind die brasilianischen Urwaldindianer in der **Herstellung von Giften** (wie Curare und Barbasco) aus Pflanzen; mit vergifteten Pfeilen jagen die Indianer. Außerdem verstehen sie es, **starke Rauschmittel** zu erzeugen, die beim Benützer Visionen hervorrufen.

Je stärker die Indianerstämme in Kontakt mit den Weißen kommen, umso stärker sind sie auch von der Ausrottung bedroht. Dies gilt trotz der Bemühungen der Nationalen Indianerstiftung (FUNAI), die sich als Bewahrerin der Ideale des berühmten Cândido Rondon sieht, des ersten Leiters des 1909 gegründeten „Indianerschutzdienstes". Später waren die bekanntesten Ethnologen der FUNAI die Brüder Vilas Boas, die Anfang 1973 nach einjährigen Bemühungen erste persönliche Kontakte zu den berühmten Riesenindianern, den Kranhacârore, aufnehmen konnten. Diese etwa 500 Personen umfassende Gruppe, deren Sprache und Kultur noch unbekannt sind, wurde wegen des Baus der durch ihr Siedlungsgebiet führenden Urwaldstraße Cuiabá-Santarém in das Indianerreservat am Xingu umgesiedelt.

Viele Indiostämme werden durch den Bau der Straße und die Besiedlung des Amazonasgebietes durch Weiße aus ihrer bisherigen Isolierung gerissen. Sie werden aus der gewohnten Umgebung vertrieben, z. T. wird ihnen dadurch sogar die notwendige Ernährungsgrundlage entzogen. Der Stammeszusammenhalt zerbricht, Krankheiten reduzieren die Volksgruppen. Die wenigen Überlebenden ordnen sich in das brasilianische Subproletariat ein. So könnte in etwa 30 Jahren die „Integration" der Indios abgeschlossen sein, wenn es nicht den Ethnologen gelingt, eine allmählichere Form der Anpassung zu ermöglichen, die gewisse Züge der Indianerkultur weiterleben läßt. Bleiben werden die indianischen Namen brasilianischer Staaten und Munizipien, Berge und Flüsse und eine Vielzahl indianischer Wörter für Gegenstände des täglichen Gebrauchs.

Die Portugiesen und ihre Abkömmlinge

Der Grundstock der heutigen Bevölkerung Brasiliens wird durch die Abkömmlinge der portugiesischen Einwanderer gebildet. Während der Kolonialzeit gab es fast keine anderen europäischen Einwanderer. Die Portugiesen selbst sind ein ausgesprochenes Mischvolk mit einem nicht unerheblichen maurischen Einschlag. Anfangs herrschte ein großer Frauenmangel, und da die Portugiesen keine Rassenvorurteile kennen, vermischten sie sich mit den Indianern. Auch heute noch ist der „typische" Brasilianer der **„Caboclo"**, der einen tüchtigen Schuß Indianerblut in seinen Adern hat. Dieser Grundtypus hat sich vor allem im Nordosten Brasiliens herausgebildet. Heute erklärt jeder Brasilianer, der etwas auf sich hält, stolz, daß einige seiner Vorfahren Indianer gewesen seien.

Als dann die Negersklaven aus Westafrika eingeführt wurden, begann auf den Zuckerrohr-Plantagen eine neue Vermischung. Der reiche Grundbesitzer hielt sich regelmäßig neben seiner weißen Ehefrau noch eine oder mehrere sogenannte „Bettfrauen", meistens Negerinnen. Diese Frauen genossen geradezu den Status von Nebenfrauen, ihre Kinder wurden zusammen mit den legitimen Kindern des Hausherrn aufgezogen. Neben dieser gewissermaßen institutionalisierten Form der Rassenvermischung gab es natürlich dann noch das freie Zusammenleben unter den ärmeren Schichten, wie das ja auch heute noch allgemein üblich ist.

Nach den verschiedenen brasilianischen Landschaften unterscheidet man auch die Menschentypen. So gilt der „Nordestino" als besonders anspruchslos und geduldig. Der „Baiano" (aus Bahia) zeichnet sich durch seine Heiterkeit, aber auch durch seine Religiosität aus. Am lebenslustigsten ist der „Carioca", der Bewohner von Rio de Janeiro. Der „Mineiro", der Bewohner von Minas Gerais wird für sparsam und mißtrauisch gehalten, der Paulistaner (São Paulo) für arbeitsam und hart. Den Gaúcho, den Mann der Pampa von Rio Grande do Sul, schließlich hält man für tapfer und kameradschaftlich.

Neger und Mulatten

Die Neger und Mulatten stellen einen erheblichen Teil des brasilianischen Volksganzen dar. Früher hatten sie jedoch einen noch größeren Anteil. Es scheint, daß es immer weniger reine Neger gibt, so daß nach einiger Zeit durch den anhaltenden Vermischungsprozeß das afrikanische Element im wesentlichen nur noch unter den Mulatten vertreten sein wird.

In Brasilien kennt man keine gesetzliche Rassendiskriminierung. Das hindert allerdings nicht, daß in der brasilianischen Gesellschaft die Neger durchwegs in der alleruntersten Schicht zu finden sind, wobei festzuhalten ist, daß die reinen Indianer ja außerhalb der Gesellschaft stehen. Bis 1888 gab es die Sklaverei, und auch heute noch stellen die Schwarzen hauptsächlich das dienende Personal, also Putzfrauen, Kindermädchen, Gärtner, Liftboys usw. Das Einkommen und die Bildungsmöglichkeiten dieser Schichten sind begrenzt, weshalb auch eine Änderung ihrer sozialen Lage zunächst kaum möglich zu sein scheint. Ihre große Anzahl kann sich auch politisch noch nicht auswirken, da sie großenteils als Analphabeten kein Wahlrecht besitzen.

Einwanderer

Die Einwanderung im 19. und 20. Jahrhundert brachte einen für die Entwicklung des Landes besonders wichtigen Bevölkerungsteil ins Land. Es handelt sich zum größten Teil um **Europäer.** Sie ließen sich vor allem als Landwirte in den südlichen Staaten nieder, wo sie sich sehr stark vermehrten. Die zahlenmäßig bedeutendste Gruppe stellten auch hier die **Portugiesen,** was vor allem damit zusammenhängt, daß portugiesische Auswanderer sich nicht in alle möglichen Länder verteilten, sondern natürlich in erster Linie in das sprachlich und kulturell verwandte Brasilien zogen. Die zweitgrößte Gruppe stellten die **Italiener,** die sich vor allem in und um São Paulo niedergelassen haben. Im weiteren folgen **Spanier, Deutsche, Polen, Russen** und andere Slawen. Außereuropäische Einwanderergruppen von beträchtlicher Größe stellten die **Japaner** und die **Syrer** bzw. **Libanesen.**

Deutschsprachige in Brasilien

Schon im 16. Jhdt. sind einige Deutsche als Soldaten, Handwerker und Kaufleute nach Basilien gekommen. Auch unter den holländischen Truppen, die sich im 17. Jhdt. in Pernambuco festsetzten, um ein großes Kolonialreich zu erobern, befanden sich deutsche Söldner. Aber sonst gab es vor dem 19. Jhdt. nur wenige Deutschsprachige in Brasilien.

Die **erste regelrechte deutsche Siedlung** war der Ort Leopoldina in Bahia. Er wurde 1817 gegründet. Zwischen 1824 und 1830 wurden dann rund 5000 Deutsche in São Leopoldo, nördlich von Pôrto Alegre, angesiedelt. 1974 wurden mit großem Aufwand die 150-Jahr-Feiern zum Gedenken an diese erste deutsche Einwanderung in Rio Grande do Sul begangen. Die brasilianische kaiserliche Regierung war sich nämlich darüber klargeworden, daß sie nach dem Verlust der Provinz „Cisplatina" (heute Uruguay) etwas zum Schutz der südlichen Grenzgebiete unternehmen mußte. Aus diesem Grund, und um überhaupt die Erschließung des Landes voranzutreiben, wurden Siedler in verschiedenen deutschen Staaten angeworben. Das gemäßigte Klima in den brasilianischen Südstaaten war für die Einwanderer aus Mitteleuropa verhältnismäßig gut geeignet. So folgten **weitere Siedlungen in den damaligen Provinzen Santa Catarina, Paraná, São Paulo und Rio de Janeiro.** Die meisten Deutschen kamen wohl aus Pommern und dem Rheinland (vor allem dem Hunsrück). Nicht immer fanden die Siedler in Brasilien das vor, was sie erwartet hatten und was man ihnen versprochen hatte. Es gab oft Streitigkeiten wegen Unklarheiten über bestehende Besitzverhältnisse. **Im Gefolge der „Achtundvierziger"-Revolution** kam eine neue Welle von deutschen Einwanderern nach Brasilien. Sie ließen sich zumeist in den größeren Städten nieder, und heute leiten sich viele der reichen deutschstämmigen Industriellen und Geschäftsleute von ihnen ab. Am bekanntesten unter den „Achtundvierzigern" wurde v. Koseritz, ein Liberaler, der sich als Journalist an deutschsprachigen und portugiesischen Zeitungen als einer der ersten Deutschen mit brasilianischer Politik befaßte.

Seit der Gründung des Deutschen Reiches 1871 ließ die Auswanderung nach Brasilien merklich nach. Die bereits Eingewanderten vermehrten sich jedoch sehr stark, so daß die **Erschließung neuer Siedlungsgebiete** durchgeführt werden mußte. Die aktivsten unter den deutschen Kolonisten zogen weit in das Hinterland der Staaten Rio Grande do Sul und Santa Catarina, wo sie ihre neuen Siedlungen gründeten. In neuester Zeit ziehen sie z. T. weiter nach Paraná, Mato Grosso und an den Amazonas.

Während des Ersten Weltkrieges kam es zu gewissen Unterdrückungsmaßnahmen gegen die deutsche Minderheit, aber zwischen den beiden Kriegen nahm die deutsche Einwanderung wieder kräftig zu. Das hing mit der wirtschaftlichen und politischen Lage Deutschlands in jener Zeit zusammen. Auch **Rußlanddeutsche,** Anhänger protestantischer Sekten, kamen um diese Zeit. Unter Getúlio Vargas wurde die Assimilierung der Deutschen beschleunigt; alle Schulen mußten in portugiesischer Sprache unterrichten. Diese Haltung verstärkte sich, als Brasilien in den Krieg gegen Deutschland eintrat. Damals wurden deutsche Bücher verbrannt und niemand wagte es mehr, in der Öffentlichkeit die deutsche Sprache zu benutzen. Nach dem Krieg stieg die Einwanderung aus dem zerstörten Deutschland zwar wieder etwas an, aber als der Wiederaufbau kräftig in Gang kam, fanden sich nur wenige, die nach Brasilien auswanderten. Nicht unbedeutend war zeitweise auch die Rückwanderung aus Brasilien nach Deutschland.

Heute gibt es vielleicht **drei bis vier Millionen Brasilianer, die überwiegend von Deutschen abstammen.** Aber nur ein sehr geringer Teil von ihnen spricht noch deutsch, wenn auch recht viele unsere Sprache noch ein wenig verstehen. Aber fast alle genieren sich, außerhalb des engsten Kreises deutsch zu sprechen. Ihr Deutsch ist in den meisten Fällen auch wirklich etwas erstaunlich. Es hat, als in Brasilien Deutschsprechende aus verschiedenen Teilen Mitteleuropas zusammenkamen, eine Dialektmischung stattgefunden, die aber natürlich kein Hochdeutsch ergeben hat. In vielen Teilen des deutschen Kolonisationsgebietes von Rio Grande do Sul scheint sich der Hunsrück-Dialekt durchgesetzt zu haben, in Santa Catarina, aber auch in Espirito Santo, herrscht die pommersche Aussprache vor.

Die rassischen Merkmale des „typischen" Deutschen scheinen zuweilen in Brasilien viel stärker zum Ausdruck zu kommen als in Deutschland selber. Das hängt vermutlich zumindest zum Teil mit der Inzucht zusammen, die besonders die protestantischen Deutschen in ihrer katholischen Umwelt betrieben haben. Andererseits vermißt man bei den richtigen Deutschbrasilianern oft die bei Deutschen für typisch gehaltenen Charakterzüge (Pünktlichkeit, übertriebener Fleiß usw.). Dies mag damit zusammenhängen, daß sich diese Merkmale auch in Deutschland erst allmählich mit der Industrialisierung herausbildeten, oder damit, daß diese aus Deutschland eingewanderten Brasilianer in ihrer neuen Umgebung die Gewohnheiten der Luso-Brasilianer, d. h. der aus Portugal Stammenden, angenommen haben.

Deutsche Hausformen kann man zuweilen, wenn auch mit Abwandlungen, in dafür geeigneten Landschaften sehen, besonders im Staat Santa Catarina. Auch in der Ausgestaltung der Wohnung zeigt sich bei vielen Deutschstämmigen noch ein etwas altmodischer deutscher Geschmack. Eine eigenständige Folklore gibt es nicht und hat es wohl auch nie gegeben, wenn man von einer gewissen Geselligkeit absieht, die sich vor allem in der „Kermes" äußert. Ein einheitliches deutsches Brauchtum konnte sich auch schon wegen der Verschiedenartigkeit der Herkunft der deutschen Einwanderer nicht bilden.

Die Deutschbrasilianer, die nun zum Teil schon in der fünften Generation im Land sind, fühlen sich als richtige Brasilianer. Sie haben sogar ein für unsere Begriffe außergewöhnlich starkes Nationalgefühl. Deutschland ist für sie ein fernes, fremdes Land. Die Gebildeten unter ihnen sprechen durchweg ein ausgezeichnetes Portugiesisch und ein mangelhaftes Deutsch.

Familien mit deutschen Namen beherrschen einen wichtigen Teil des Wirtschaftslebens in den brasilianischen Südstaaten. Während die Landwirte meistens zurückgeblieben sind und nicht gern mit neuen Techniken und Organisationsformen experimentieren, gehören die Deutschen in den Städten zu den aktivsten und initiativefreundlichsten Kräften. Sie sind es, die viele der neuen Industrien und Geschäftszweige entwickeln.

Auch in der Politik und im Militär scheinen sie zunehmend an Bedeutung zu gewinnen. An den Universitäten sind sie weit über ihren Anteil an der Bevölkerung hinaus vertreten.

Das deutsche Vereinsleben hat sich nach seiner Unterdrückung während des Krieges längst wieder erholt. Die evangelischen Kirchengemeinden sind in der „Evangelischen Kirche Lutherischen Bekenntnisses in Brasilien" zusammengeschlossen. Diese hat mehr als 600 000 Anhänger in 250 Gemeinden. Die aus Deutschland eingewanderten Katholiken haben sich im allgemeinen schneller assimiliert. Trotzdem gibt es auch ausgesprochen deutsche Kirchengemeinden in den überwiegend von Deutschen besiedelten Gebieten. Vor allem in den evangelischen Kirchen wird der Gottesdienst häufig in deutscher Sprache abgehalten. Die Kirchen unterhalten Privatschulen, in denen auch deutscher Sprachunterricht erteilt wird. Deutschsprechende Seelsorger findet man in allen größeren Städten.

Daneben gibt es Hilfsvereine, Gesang- und Turnvereine, Musik- und Theatervereinigungen und Vereine zur Pflege der Geselligkeit.

Die bekanntesten dieser Einrichtungen sind:

in Rio de Janeiro: das Deutsch-Brasilianische Kultur-Institut, die Gesellschaft „Germânia", die Humboldt-Gesellschaft und der „Clube Ginástico e Deportivo de 1909";

in São Paulo: Clube Transatlântico, Goethe-Institut, Pro-Arte und Hans-Staden-Institut;

in Belo Horizonte: die Deutsch-Brasilianische Kulturgesellschaft und der „Clube Teuto-Brasileiro";

in Pôrto Alegre: das Deutsch-Brasilianische Kultur-Institut, das „Centro Cultural 25 de Julho", die „Sociedade Independência" und die „Sociedade Ginástica de Porte Alegre";

in Curitiba: der Verein „Concórdia".

Die Ordnung des Staates

Die Bundesrepublik Brasilien („República Federativa do Brasil") besteht aus 21 Bundesstaaten, vier Bundesterritorien und dem Bundesdistrikt mit der Hauptstadt Brasília. Diese politischen Einheiten verteilen sich auf die einzelnen Regionen wie folgt:

a) Im **Norden** liegen die Staaten Pará, Amazonas und Acre und die Territorien Amapá, Roraima und Rondônia.

b) Den **Nordosten** bilden die Staaten Maranhão, Piauí, Ceará, Rio Grande do Norte, Paraíba, Pernambuco, Alagas, Sergipe, Bahia und das Insel-Territorium Fernando de Noronha.

c) In der **Südostregion** faßt man die Staaten Minas Gerais, Espírito Santo, Rio de Janeiro und São Paulo zusammen.

d Der **Süden** wird durch die Staaten Paraná, Santa Catarina und Rio Grande do Sul gebildet.

e) In **Zentral- und Westbrasilien** schließlich liegen die Staaten Mato Grosso und Goiás sowie der Bundesdistrikt (Distrito Federal).

Die Staaten

Die Verfassungen von 1967, 1969 und 1972 schränken die Handlungsfreiheit der Bundesstaaten zugunsten der Zentralgewalt ein.

Dennoch bleibt jeder Bundesstaat formell weitgehend selbständig; er hat seine eigene Verfassung, ein Parlament, das aus einer einzigen Kammer besteht, eine eigene bundesstaatliche Verwaltung und eine eigene Rechtsprechung. Die Gesetzgebung des Einzelstaates muß mit den verfassungsmäßigen und gesetzlichen Prinzipien des Gesamtstaates übereinstimmen.

Die Regierungschefs der Einzelstaaten werden Gouverneure („Governadores") genannt. Sie sind jeweils 4 Jahre im Amt.

Die Territorien

Bis zum Jahr 1942 gab es nur ein einziges Territorium, nämlich Acre, das inzwischen zum Staat erhoben worden ist. Die Territorien wurden zum Zweck der Landesverteidigung und der besseren wirtschaftlichen Entwicklung von bestehenden Staaten losgetrennt und unter Bundesverwaltung gestellt. Sie können gegebenenfalls unterteilt oder wieder an Staaten angeschlossen werden.

Die Gemeindebezirke

Die Bundesstaaten und Territorien sind in etwa 3000 Gemeindebezirke (Municípios) unterteilt, die eine gewisse Autonomie genießen. An ihrer Spitze steht ein Präfekt. Das Gemeindeparlament heißt „Câmara dos Vereadores".

Die Municípios sind ihrerseits wieder in Distritos unterteilt.

Der Bund

Auf der Bundesebene werden die drei Gewalten durch den Nationalkongreß, den Präsidenten der Republik und den Obersten Bundesgerichtshof dargestellt.

Der Nationalkongreß

Das brasilianische Bundesparlament, der Nationalkongreß („Congresso Nacional") besteht aus zwei Kammern: dem Abgeordnetenhaus („Câmara dos Deputados") mit 364 Abgeordneten und dem Bundessenat („Senado Federal") mit 66 Senatoren.
Es tritt jeweils am 31. März zusammen und tagt bis zum 30. November. Auf Wunsch des Präsidenten oder eines Drittels der Angehörigen eines der beiden Häuser können Sondersitzungen einberufen werden. Die Abstimmungen sind in beiden Häusern grundsätzlich geheim. Üblicherweise entscheidet die einfache Stimmenmehrheit. Beschlußfähig ist jedes der beiden Häuser nur, wenn mindestens die Hälfte der Mitglieder anwesend ist.

Das **Abgeordnetenhaus** setzt sich aus den Vertretern der Bevölkerung zusammen, die nach dem Proportionalsystem in den Bundesstaaten, den Territorien und dem Bundesdistrikt gewählt werden. Jedes Territorium entsendet dabei einen Vertreter, während die Staaten und der Bundesdistrikt je mindestens sieben Abgeordnete stellen. Die Wahlperiode dauert vier Jahre.

Der **Bundessenat** setzt sich dagegen aus den Vertretern der einzelnen Bundesstaaten und des Bundesdistrikts zusammen, die nach dem Mehrheitsprinzip gewählt werden. Jeder Staat und ebenso der Bundesdistrikt wählt drei Senatoren für eine achtjährige Mandatszeit. Alle vier Jahre werden abwechselnd ein Drittel und zwei Drittel der Vertreter neu gewählt.

Jede vom Präsidenten eingebrachte Gesetzesvorlage muß vom Parlament innerhalb von 40 Tagen behandelt werden. Verstreicht diese Frist, so gilt die Vorlage als angenommen. Verfassungsänderungen erfordern die absolute Mehrheit der Mitglieder beider Kammern.

Die Bundesregierung

Brasilien ist eine präsidentiale Republik. **Der Präsident der Republik bildet die Spitze der Bundesexekutive.** Er wird nicht direkt vom Volk, sondern von einem Wählerkollegium gewählt, das sich aus den Mitgliedern der beiden Kammern des Nationalkongresses und aus Delegierten der Bundesstaatenparlamente zusammensetzt. Seine Amtszeit beträgt fünf Jahre. Für die unmittelbar darauffolgende Amtsperiode ist er nicht mehr wählbar. Mit dem Präsidenten zusammen wird der Vizepräsident gewählt, der nach der Verfassung beim Tod oder der Amtsenthebung des Präsidenten an dessen Stelle tritt. Der Präsident hat bereits nach der Verfassung erhebliche Vollmachten, besonders in Fragen der Staatsfinanzen und der „nationalen Sicherheit". An den Budgetvorschlägen des Präsidenten kann der Kongreß kaum Änderungen vornehmen. Er hat auch das ausschließliche Recht, Beamtenstellen zu schaffen. Dekrete des Präsidenten, die sich auf die „nationale Sicherheit" beziehen, bedürfen keiner nachträglichen Billigung durch den Kongreß.

Der Präsident hat bei der **Regierungsbildung** freie Hand. Die Regierung umfaßt gegenwärtig 16 Ministerien. Zu erwähnen wäre, daß es drei Verteidigungsministerien gibt, nämlich je eines für Heer, Marine und Luftwaffe. Neben dem Ministerium für Wirtschaftsplanung besteht ein Landwirtschaftsministerium, ein Industrieministerium und ein Bergbauministerium. Außerdem unterstehen noch einige Behörden dem Präsidenten direkt. Dazu gehören vor allem der Generalstab, der Entwicklungsrat und die Aufsichtsbehörde für die wirtschaftliche Entwicklung des Nordostens (SUDENE). Der **„nationale Sicherheitsrat"**, dem außer den Kabinettsmitgliedern auch die führenden Militärs angehören, nimmt seit 1968 einen großen Teil der Regierungsfunktionen wahr.

Rechtsprechung

An der Spitze der richterlichen Gewalt steht das **Oberste Bundesgericht** („Supremo Tribunal Federal") in Brasília. Es besteht aus drei Kammern und 16 Richtern, die vom Präsidenten der Republik mit Zustimmung des Senats ernannt werden. Das Oberste Bundesgericht prüft jedes Gesetz auf seine Übereinstimmung mit der Verfassung. Er kann auch Bürgern die politischen Rechte absprechen.

In den Bundesstaaten liegt die untergeordnete Rechtspflege in den Händen der Justizverwaltung der Einzelstaaten; ferner gibt es **Munizipalgerichte** und **Friedensrichter.** Die höheren Instanzen werden durch **Bundesgerichte** dargestellt, die in jedem Staat bestehen. Außerdem gibt es in allen Bundesstaaten **Arbeitsgerichte, Wahlgerichte** und **Militärgerichte.** Alle Richter werden auf Lebenszeit ernannt und dürfen sich nicht politisch betätigen.

Das brasilianische Recht hat sich aus dem portugiesischen Recht unter starkem Einfluß durch das französische Recht entwickelt. Als Besonderheit ist festzustellen, daß es **keine Ehescheidung** gibt. 1969 wurde die **Todesstrafe** für politische Delikte eingeführt. Sie wurde jedoch bislang nicht angewendet.

Wahlrecht

In Brasilien herrscht kein wirklich allgemeines Wahlrecht, denn nur diejenigen Bürger, die nachgewiesen haben, daß sie lesen und schreiben können, kommen überhaupt als Stimmberechtigte in Frage. Damit scheiden mindestens ein Drittel der erwachsenen Bevölkerung aus, vor allem natürlich die ärmeren Schichten und ganz

besonders die Neger. Diese Regelung hat große Bedeutung für die Stabilität der gesellschaftlichen Ordnung. Vom achtzehnten bis zum fünfundsechzigsten Lebensjahr besitzen die Brasilianer ein Wahlrecht, das in Wirklichkeit eine Wahlpflicht ist. Wer von denen, die die bürgerlichen Rechte genießen, seiner Wahlpflicht nicht nachkommt, hat mit Bestrafung zu rechnen. Die Einhaltung der Wahlpflicht zu überwachen, ist eine der wichtigsten Aufgaben der sogenannten **Wahlgerichte.**
Das passive Wahlrecht für die Wahl zum Abgeordneten beginnt mit dem einundzwanzigsten, das für die Wahl zum Senator mit dem fünfunddreißigsten Lebensjahr.

Die politischen Parteien

In Brasilien bestehen keine politischen Parteien in unserem Sinne. Ende 1965 wurden alle bis dahin bestehenden Parteien zwangsweise aufgelöst. An ihre Stelle traten zwei von der Regierung ins Leben gerufene politische Gruppierungen, die **Regierungspartei „Allianz der nationalen Erneuerung"** („Aliança Renovadora Nacional", abgekürzt ARENA) und die für die **Oppositionsrolle vorgesehene „Brasilianische Demokratische Bewegung"** („Movimento Democrático Brasileiro", abgekürzt MDB).

Beide Parteien sind auch heute noch künstliche Gebilde ohne festes politisches Fundament. Die Mitgliederschaft der ARENA besteht zum Teil noch aus Politikern der früheren „Sozialdemokratischen Partei" („Partido Social-Democrático", abgekürzt PSD) und der konservativen Nationaldemokratischen Union („União Democrática Nacional", abgekürzt UDN). Alle Mitglieder der Bundesregierung und die meisten Gouverneure der Bundesstaaten gehören dieser institutionellen Regierungspartei an. Der MDB setzt sich teilweise aus ehemaligen Mitgliedern der „Brasilianischen Arbeiterpartei" („Partido Trabalhista Brasileiro", abgekürzt PTB) zusammen, zu denen eine Minderheit der alten PSD, der alten Christlich-Demokratischen Partei („Partido Democrático Cristiano", abgekürzt PDC) und der ehemaligen „Sozial-Fortschrittlichen Partei" („Partido Social Progressivo", abgekürzt PSP) gestoßen sind.

Die kommunistische Partei war nur wenige Jahre während des Krieges und danach zugelassen. Seit 1947 ist sie wieder verboten, konnte sich aber bis 1964 dennoch einigermaßen politisch betätigen. Sie hat sich inzwischen in einen mehr nach Moskau und einen mehr nach Peking hin orientierten Flügel gespalten, die beide im Untergrund arbeiten.

Bei den Parlamentswahlen vom November 1970 entfielen auf die ARENA 223 von 310 Sitzen im Abgeordnetenhaus und 59 von 66 Sitzen im Senat, während sich der MDB mit 87 Kammer- und 7 Senatssitzen begnügen mußte. Vier Jahre später errang der

MDB 160 Sitze im Abgeordnetenhaus und holte gegenüber ARENA (204 Sitze) stark auf; im Senat führt ARENA mit 46 gegenüber 20 Sitzen. Es gibt Bestrebungen — bisher erfolglos —, die Bildung einer „dritten Partei" durchzusetzen.

Das Militär

Obgleich die Brasilianer ihrer Mentalität nach eher alles andere als „militaristisch" sind, so spielen die bewaffneten Streitkräfte doch eine nicht zu unterschätzende Rolle im Leben der Nation.

Den militärischen Grundstock bilden Berufssoldaten, die von einem im wesentlichen konservativ eingestellten Offizierskorps geführt werden. Die politisch stark engagierten Offiziere empfinden, daß sie eine wichtige staatstragende Mission zu erfüllen haben. Diese Haltung war es, die, wie schon öfters zuvor, auch im März 1964 das Militär veranlaßt hat, in die politische Entwicklung einzugreifen und die damalige Regierung zu stürzen.

Die Entwicklung seither zwang das Militärregime zu einer immer stärkeren Machtanwendung. Bei den internen Richtungskämpfen setzte sich häufig die „harte Linie" („linha dura") durch.

Theoretisch herrscht allgemeine **Wehrpflicht** für alle männlichen Bürger vom neunzehnten bis zum fünfundvierzigsten Lebensjahr. Die Dienstzeit beträgt zwölf bzw. achtzehn Monate, je nach Waffengattung. Dieser Ausbildung schließen sich dann acht Jahre Reservedienst mit jährlichen Übungen von zwei bis vier Wochen an. Tatsächlich wird aber aus praktischen Gründen nur ein geringer Bruchteil der Wehrpflichtigen wirklich eingezogen.

Die Funktion der brasilianischen Armee ist hauptsächlich die einer Polizeitruppe, welche die bestehende gesellschaftliche Ordnung aufrechtzuerhalten hat. Allerdings hat Brasilien, als es in den Zweiten Weltkrieg eintrat, zwei Divisionen zum Kampf gegen Deutschland auf den italienischen Kriegsschauplatz entsandt.

Das Militär erfüllt aber auch eine gewisse erzieherische Aufgabe. Neben der Ausbildung von militärischen Fachleuten leistet es nämlich gute Dienste bei der **Alphabetisierung von Rekruten.** Schließlich ist noch zu erwähnen, daß in Brasilien Soldaten auch für öffentliche Arbeiten, wie zum Beispiel den Straßenbau, herangezogen werden.

Die brasilianischen Streitkräfte sind nach dem Krieg mit Unterstützung amerikanischer Experten nach dem Muster der USA reorganisiert worden. Ebenso wie in den USA gibt es auch in Brasilien Eifersüchteleien und Streitigkeiten zwischen den verschiedenen Waffengattungen, besonders zwischen der Marine und der Luftwaffe, die Ende 1964 in der Affäre um den Flugzeugträger „Minas Gerais" in grotesker Weise zum Ausdruck kamen.

Das Heer hat eine Friedensstärke von etwa 200 000 Mann. Die Ausrüstung stammt größtenteils aus den USA. Neben diesen Bundestruppen unterhalten die verschiedenen Staaten Polizeitruppen von insgesamt etwa 100 000 Mann.

Die Luftwaffe umfaßt 50 000 Mann und annähernd 1000 Flugzeuge. Sie bezieht ihre Ausrüstung aus den USA, aus Frankreich sowie Großbritannien.

Die brasilianische Marine ist über 50 000 Mann stark. 20 000 Mann davon sind Marine-Infanteristen. Das schwimmende Material stammt aus den USA und England und besteht im wesentlichen aus einem Flugzeugträger (dem schon erwähnten „Minas Gerais"), zwei leichten Kreuzern, elf Zerstörern, sechs Fregatten, zehn Korvetten, einigen Unterseebooten und einer Anzahl von Kanonenbooten und Transport-Schiffen.

Nationale Symbole

Die Fahne Brasiliens zeigt auf grünem Grund eine gelbe Raute, in deren Mitte sich ein blauer Kreis mit einigen Sternen befindet. Quer durch den blauen Kreis zieht sich ein Spruchband mit den Worten „ORDEM E PROGESSO" („Ordnung und Fortschritt"). Das Staatswappen stellt einen von einem Lorbeerkranz umgebenen großen fünfeckigen Stern dar. In seiner Mitte ist das Sternkreuz des Südens dargestellt, umgeben von einem Sternkreis, bei dem jeder Stern einen der Bundesstaaten darstellt. Darunter entfaltet sich ein Spruchband mit folgendem Text: „REPUBLICA FEDERATIVA DO BRASIL — 15 de Novembro de 1889". Dieses Datum bezeichnet den Gründungstag der Republik Brasilien.

Kultus und Kultur

Das religiöse Leben

Die brasilianische Verfassung proklamiert eine weitgehende Freiheit des Glaubens und des Kults und die Trennung von Kirche und Staat.

Katholizismus

Etwa 90% der Bevölkerung geben an, sich zur römisch-katholischen Kirche zu bekennen. Deshalb wird Brasilien zuweilen als die größte katholische Nation der Welt bezeichnet. Die katholische Kirche hat das Land in 173 Bistümer eingeteilt. Den Gläubigen stehen ungefähr 11 000 Priester zur Verfügung. Das ist gewiß keine sehr hohe Zahl, wenn man die Größe der Bevölkerung und die ungeheure Ausdehnung des Landes sowie die bestehenden Verkehrsverhältnisse in Betracht zieht. Die Priesterschaft ist zu einem großen Teil gesellschaftspolitisch engagiert. Es gibt **eine eher konservative Mehrheit und eine sehr aktive sozialreformerische Minderheit.** Im Ausland besonders bekannt geworden sind die Namen der Bischöfe Câmara, Lorscheider, Arns und Scherer.

Protestantismus

Es gibt etwa sechs Millionen Protestanten, die vor allem in den Südstaaten leben. Zu einem beträchtlichen Teil handelt es sich dabei um die Nachkommen mitteleuropäischer Einwanderer, die den traditionellen Glauben ihrer Vorfahren beibehalten haben. Der Protestantismus tauchte in dem zunächst rein katholischen Brasilien erstmals mit der deutschen Einwanderung seit 1824 auf. **Die erste evangelische Gemeinde bildete sich in São Leopoldo,** das auch heute noch das Zentrum des kirchlichen Lebens der lutherischen Christen in Brasilien darstellt. Von großer Bedeutung für die Gründung und den Bestand der Gemeinden war und ist bis zu einem gewissen Grad auch heute noch die Unterstützung der brasilianischen Diaspora durch die Heimatkirche. Schon bald kam es auch zu **synodalen Zusammenschlüssen mehrerer Gemeinden.** 1950 schlossen sich die vier bestehenden Synoden zu einem Bund zusammen, der heute mehr als 600 000 Kirchenmitglieder in 250 Gemeinden mit über tausend Predigtplätzen und 200 Pfarrern umfaßt.

Während die evangelische Kirche sich im wesentlichen darauf beschränkt, ihren Besitzstand zu wahren, entfalten die zahlreichen **nordamerikanischen Sekten** eine starke und erfolgreiche Missionierungstätigkeit. Ihnen ist es vor allem zuzuschreiben, daß sich die Zahl der brasilianischen Protestanten in den vergangenen 25 Jahren etwa verdoppelt hat.

Spiritismus

Zwei Millionen Brasilianer bekennen sich offen zum Spiritismus, einer Religion, die aus einer Mischung verschiedener afrikanischer Kulte hervorgegangen ist. Daneben betreibt aber auch ein großer Teil der offiziell katholischen Bevölkerung diese fetischistische Religion. Der Spiritismus kennt nämlich keinen Ausschließlichkeitsanspruch. Deswegen sehen viele Brasilianer keinen Grund, warum sie nicht mehreren Religionen gleichzeitig angehören sollen, soweit diese nur ihrem Drang zum Magischen entgegenkommen.

Die Anhängerschaft des Spiritismus ist ständig im Wachsen. Sie ist über ganz Brasilien verbreitet. In allen größeren Orten verfügen die Spiritisten über zahlreiche Bethäuser. Die gottesdienstlichen Zeremonien werden gewöhnlich „Macumbas" oder „Candomblés" genannt. Die Priester bezeichnet man als „Macumbeiros" oder, korrekter, als „Pai do Santo" („Vater des Heiligen") bzw. als „Mãe do Santo" („Mutter des Heiligen"). Sie bestimmen die Gottesdienstordnung, weihen Novizen, leiten die Opferzeremonien, treiben Teufel aus, führen magische Heilungen durch, schlichten Streitigkeiten und betätigen sich als Propheten. Zur Gestaltung der Zeremonien stehen ihnen Ministranten und Musiker zur Seite.

Die spiritistische Religion kennt als obersten Gott Olorun, den Göttervater und Schöpfer („Jehova"). Seine beiden Kinder sind Obatalá, der Himmel, und Oduduá, die Erde. Olorun ist von weiteren Gottheiten umgeben, die man Orixás nennt. Die wichtigsten unter ihnen sind:

1) Oxalá, der Geist des Guten („Jesus");
2) Exu, der Geist des Bösen („Satan"). Man besänftigt ihn durch die Opferung von Zigarren und schwarzen Hühnern;
3) Ogun, der Kriegsgott („Antonius");
4) Xangô, der Gott des Donners („Petrus", „Johannes");
5) Omula, der Gott der Pocken („Lazarus");
6) Iemanjá, die Mutter des Meeres („Maria").

Die christlichen Entsprechungen werden nicht nur deshalb in Klammern beigefügt, um eine Vorstellung vom Charakter der heiligen Personen zu vermitteln, sondern auch, weil die Spiritisten selbst ihre Gottheiten mit den christlichen Heiligen identifizieren. Dies erklärt auch, weshalb viele Brasilianer kein Hindernis sehen, beiden Religionen gleichzeitig anzuhängen. Die Mitglieder der verschiedenen Spiritistensekten sind zumeist unter den am wenigsten aufgeklärten Schichten der Bevölkerung zu suchen. In der Mehrheit sind es Neger und Mulatten. Für sie bedeuten die spiritistischen Zeremonien nicht nur die magische Befriedigung metaphysischer Bedürfnisse, sondern auch das Festhalten an alten afrikanischen Überlieferungen.

Der Spiritismus scheint keine besondere Dogmatik zu kennen. Jedenfalls aber glauben seine Anhänger an die Unsterblichkeit der Seele und an die Möglichkeit, mit den Geistern der Verstorbenen in Verbindung zu treten. Ein wesentliches Element dieser Religion, die im übrigen die Nächstenliebe stark betont, ist die scharfe Gegenüberstellung von Gut und Böse. Die Gottheiten werden in inbrünstiger Weise verehrt. Jeder von ihnen ist ein besonderer Tag des Jahres gewidmet und jede hat ihre besonderen Fetische, Lieblingsopfer und Zeremonien.

Die Zeremonien sind afrikanischen Ursprungs. Zu ihnen gehören bestimmte Beleuchtungseffekte, Weihrauch, monotone Musik auf Schlaginstrumenten, Beschwörungen in ritueller Sprache und

Wechselgesang. Zunächst ist der Tanz des Mediums oder der Medien zurückhaltend. Er steigert sich dann immer mehr und erreicht in der Vereinigung mit der Gottheit seinen Höhepunkt. Auch die Geister von Verstorbenen können in den Körper des Mediums fahren, das in tiefe Trance gefallen ist. Sie sprechen dann mit den Anwesenden. Im Anschluß daran tanzen dann oft Priester und Gläubige bis zur Erschöpfung ihre ekstatisch-wilden Tänze. Die Teilnahme an diesen hypnotisch wirkenden Zeremonien prägt die Persönlichkeit des Gläubigen tief.

Sonstige religiöse Gemeinschaften

Als **Buddhisten** bekennen sich mehr als 200 000 Brasilianer. Es handelt sich dabei fast ausschließlich um einen Teil der eingewanderten Japaner. Die Zahl der **Juden** beträgt rund 150 000. Sie sind aus Mittel- und Osteuropa eingewandert und haben sich in den großen Städten niedergelassen.

In allen Religionen sind anscheinend die Frauen aktiver als die Männer, die oft nur sporadisch am religiösen Leben teilnehmen. Andererseits ist die Zahl derer, die erklären, keiner Religionsgemeinschaft anzugehören, außerordentlich gering.

Schule und Erziehung

Das gesamte Bildungswesen Brasiliens untersteht dem Bundeserziehungsministerium, ist also nicht Sache der Einzelstaaten, sondern wird zentral geleitet.

Die größte Aufgabe auf diesem Gebiet ist in einem Land, in dem ein Drittel der erwachsenen Bevölkerung aus Analphabeten besteht, der fortgesetzte Ausbau des Volksschulwesens. Die praktische Durchführung der in der Verfassung proklamierten allgemeinen vierjährigen Schulpflicht vom 7. Lebensjahr an bleibt nämlich solange problematisch, als noch nicht genügend Lehrer und Schulen zur Verfügung stehen. Die Lage ist besonders ernst in den ländlichen Gebieten. Die ohnehin nicht übermäßig gutbezahlten Lehrkräfte sträuben sich verständlicherweise mit aller Kraft, in den Urwald geschickt zu werden. Man setzt deshalb dort vielfach ungenügend ausgebildetes Personal ein. In den Städten liegt das Problem mehr im Mangel an Unterrichtsraum. Außerdem ist in bestimmten Bevölkerungsschichten der Schulbesuch der Kinder einfach nicht üblich. Die Kinder müssen als Schuhputzer oder Zeitungsverkäufer oder mit ähnlichen Beschäftigungen sich ihren Lebensunterhalt selber verdienen und können daher nicht ihre Zeit in Schulen „vertun".

Grund- und Mittelschulen

Bereits 1972 gab es 165 000 Grundschulen mit 526 000 Lehrern und 14 Millionen Schülern, sowie 23 000 weiterführende Schulen mit 370 000 Lehrern und 5,5 Millionen Schülern.

Bis 1974 ist die Zahl der Grundschüler auf etwa 19 Millionen gestiegen. 1979 sollen es 23 Millionen sein. Das wären dann 90% aller Sieben- bis Elfjährigen.

Neben den staatlichen Schulen existieren auch private Einrichtungen. Die bedeutendsten unter ihnen sind die über 800 katholischen Mittelschulen und Universitäten. Die vierklassigen Grundschulen dagegen sind zumeist staatlich.

Noch immer können ca. 20% aller Einwohner Brasiliens über 15 Jahren weder lesen noch schreiben. In den ländlichen Gebieten liegt der Anteil der Analphabeten sogar bei zwei Dritteln. Die Gründe für diesen Mißstand kann man vor allem in der ungleichen regionalen Verteilung der Erziehungseinrichtungen und in der unglaublich hohen Zahl der nur sehr kurzfristig die Schule besuchenden Kinder erblicken. Die Alphabetisierung der Erwachsenen hat seit 1970 durch die staatliche Initiative MOBRAL (Movimento Brasileiro de Alfabetização) einen beachtlichen Aufschwung genommen. Überhaupt ist ein erstaunlicher Bildungshunger in den letzten Jahren deutlich geworden. Der Schulbesuch beträgt in der Grundschule rund 80%. Viele Schüler besuchen aber nur die erste und zweite Klasse. 11% der Jugendlichen zwischen 12 und 18 Jahren besuchen eine weiterführende Schule.

Universitäten

Die Zahl der als Universitäten bezeichneten Einrichtungen belief sich 1972 auf 65; davon waren 10 private (katholische) Hochschulen. In ihnen studierten 1974 1,1 Mio. Studenten. Mit Ausnahme der staatlichen Universitäten von Rio, Belo Horizonte und São Paulo handelt es sich bei fast allen brasilianischen Universitäten um Gründungen der letzten 30 Jahre. Zum Teil befinden sie sich noch im Aufbaustadium. Durch einen **Numerus Clausus** wird eine Überfüllung der Universitäten vermieden. Der Unterricht an einer brasilianischen Universität ist oft sehr verschieden vom deutschen Vorlesungsbetrieb. „Akademische Freiheit" ist unbekannt. Die Anwesenheit der Studenten wird durch Aufrufen der Namen oder umlaufende Listen kontrolliert.

Das Niveau der brasilianischen Universitäten liegt im allgemeinen noch unter dem der europäischen Hochschulen. Aber es ist zu erwarten, daß die Brasilianer bald aufholen werden. Der Anteil der Studentinnen dürfte im Durchschnitt ebenso hoch sein wie in Deutschland. Studentische Verbindungen im mitteleuropäischen Sinn sind unbekannt.

Deutschsprachige Schulen

Die in Brasilien bestehenden deutschsprachigen Schulen sind **Privatschulen**, die über das von den brasilianischen Erziehungsbehörden vorgeschriebene Unterrichtsprogramm hinaus Unterricht auch in deutscher Sprache erteilen. Der Abschluß nach dem 12. Schuljahr berechtigt noch nicht zum Studium in der Bundesrepublik Deutschland. 1974 ist in São Paulo die Möglichkeit geschaffen worden, nach einem 13. Schuljahr eine Ergänzungsprüfung abzulegen, die dem Abitur entspricht und somit ein Studium in der Bundesrepublik ermöglicht.

Zu erwähnen sind vor allem die Schulen in São Paulo. Im „Colégio Visconde de Pôrto Seguro" ist Deutsch Pflichtfach. Neben dem deutschen Sprachunterricht werden auch deutsche Geschichte und Geographie und noch einige andere Fächer in deutscher Sprache gelehrt. Der Unterricht in der 13. Klasse wird ganz in deutscher Sprache erteilt. Im „Colégio Benjamin Constant" und im „Colégio Imperatiz Leopoldina" wird Deutsch als Fremdsprache in verschiedenen Leistungsgruppen gelehrt. In Santo Amaro bei São Paulo bestehen zwei Schulen, in denen der Unterricht überwiegend in deutscher Sprache erteilt wird: das „Colégio Humboldt" und die „Escola Higienópolis" (neunklassig).

In Rio de Janeiro gibt es die „Escola Corcovado", die weitgehend nach Lehrplänen der Bundesrepublik arbeitet und fast nur in deutscher Sprache unterrichtet. Auch das „Colégio Cruzeiro" (die frühere „Deutsche Schule") und das „Colégio Pedro II" erteilen deutschen Sprachunterricht.

Weitere deutschsprachige Schulen befinden sich in Vitória (Espírito Santo) sowie vor allem in den Südstaaten; so in Campinas und Rio Claro im Staat São Paulo; im Staat Paraná in den Munizipien Curitiba, Guarapuava, Rondon usw.; in Santa Catarina in den Munizipien Blumenau, Brusque, Joinville, Pomerode, Rio do Sul usw.; im Staat Rio Grande do Sul schließlich vor allem in Pôrto Alegre, São Leopoldo, Novo Hamburgo, Estrêla, Lajeado, Panambi und Santa Rosa.

Presse

In Brasilien erscheinen ungefähr 200 **Tageszeitungen** mit einer Auflage von fünf Millionen Exemplaren. Die wenigsten von ihnen sind über ihren Verlagsort hinaus verbreitet. Nur vierzig kann man als überregional ansehen. Die meisten Zeitungen werden in Rio de Janeiro und São Paulo herausgebracht. Die wichtigsten sind: „Journal do Brasil", „O Globo" und „O Estado de S. Paulo". Die Presse unterlag bis vor kurzem einer strengen staatlichen Zensur.

Neben den Tageszeitungen gibt es noch etwa 400 **Wochen- und**

Monatsblätter. Unter den wöchentlich erscheinenden Publikationen seien „Veja" und „Visão" genannt, Nachrichtenmagazine, die entfernt dem „Spiegel" ähneln. Viel gelesen werden die recht gut aufgemachten Illustrierten „Manchete" und „O Cruzeiro". Ausgezeichnet ist auch die Zeitschrift „Realidade".

Viele der Einwanderer halten sich gerne eine Zeitung in ihrer Muttersprache: italienisch, spanisch, deutsch, japanisch. **Die wichtigsten deutschsprachigen Blätter** sind die Tageszeitung „Deutsche Nachrichten" und die Wochenzeitung „Brasil-Post", die beide in São Paulo erscheinen. Daneben gibt es natürlich noch viele örtliche und Vereinszeitungen in deutscher Sprache sowie deutsche Beilagen in brasilianischen Blättern. Deutsche Illustrierte aus der Bundesrepublik sind an vielen Verkaufsständen in den großen Städten erhältlich.

Rundfunk und Fernsehen

Es gibt in Brasilien **mehr als 1000 Radiostationen,** die aber im allgemeinen nur eine sehr geringe Reichweite besitzen. Die Zahl der Fernsehsender liegt bei über sechzig. Einige senden in Farbe. **Sie gehören fast alle privaten Gesellschaften** und werden auf rein kommerzieller Grundlage betrieben. Das bedeutet, daß sie von früh bis spät Reklame bringen. Lediglich **die Sender des Erziehungsministeriums** (Radiostationen der Universitäten) enthalten sich ganz des Werbefunks und senden ein recht anspruchsvolles Programm. Bei den privaten Radio- und Fernsehstationen werden die Hör- bzw. Fernsehspiele regelmäßig an den interessantesten Stellen unterbrochen, damit für die Firma, die diese Aufführung finanziert, ausführlich Reklame gemacht werden kann. Ungewöhnlich ist auch der Nachrichtendienst. Zwar übernehmen alle Sender täglich abends ein einstündiges Programm der Regierung, in dem der offizielle Nachrichtendienst ausgestrahlt wird, aber dieses Programm, das von Brasília verbreitet wird, befaßt sich mit rein brasilianischen Gegebenheiten. Internationale Nachrichten kann man in Programmen hören, die von privaten Firmen bezahlt werden. Deshalb werden die Nachrichten mehrmals unterbrochen, um die Produkte der betreffenden Firmen anzupreisen.

Film

Brasilien besitzt eine quantitativ nicht unbedeutende Filmindustrie. Allerdings läßt die Qualität der Filme oft zu wünschen übrig. Die meisten Filme scheinen zu etwa gleichen Dritteln aus Karneval, Klamauk und Rührseligkeit zu bestehen. Sie dienen hauptsächlich dem Unterhaltungsbedürfnis der ungebildeten Bevölkerungsschichten. Daneben gibt es aber auch einige ganz ausgezeichnete Filme, die internationale Festspielpreise erringen. Diese Filme haben im Ausland größte Hochachtung für das brasilianische Filmschaffen hervorgerufen. Die besten dieser Filme sind wohl der Anfang der fünfziger Jahre gedrehte „O Cangaceiro", dann „Rio — 40 Graus", „O Pagador de Promessas", „Vidas Sêcas", „Noite Vazia", „Os Fuzis", „Antônio das Mortes" und „Terra em Trance". Viele dieser Filme sind dem deutschen Kino- und Fernsehpublikum bekannt. Diese Filme wurden durchweg von unter dem Einfluß des „Neo Verismo" oder der „Nouvelle Vague" stehenden Regisseuren und oft mit sparsamsten Mitteln hergestellt. Die fähigsten Regisseure dieser als „Cinema Novo" bezeichneten Richtung sind Nelson Pereira dos Santos, Anselmo Duarte, Walter H. Khoury, Ruy Guerra und Glauber Rocha. In Brasilien selbst finden diese Filme allerdings kaum Anklang.

Natürlich werden in Brasilien auch viele ausländische Filme gezeigt, in erster Linie amerikanische, aber auch französische und italienische, daneben einige japanische und sehr wenige deutsche. Die ausländischen Filme werden üblicherweise nicht synchronisiert, sondern mit Untertiteln versehen. Nach einem Gesetz zum Schutz der brasilianischen Filmindustrie muß jedes Kino durchschnittlich an jedem dritten Abend brasilianische Filme zeigen.

In Brasilien existieren etwa 4000 **Kinos,** davon allein in der Stadt São Paulo ungefähr 500. Die Brasilianer gehen gern und häufig ins Kino.

Theater

Ein geregeltes Theaterleben mit festen Spielplänen besteht in Brasilien erst seit wenigen Jahren, und auch das nur in den Großstädten, wo sich übrigens neben den größeren Theatern auch viele kleine Studiobühnen aufgetan haben. Die Ensembles scharen sich durchweg um ein oder zwei populäre Stars. Man arbeitet auf rein kommerzieller Basis, ohne staatliche Subventionen. Die Qualität der Aufführungen ist recht unterschiedlich. Einige haben ganz hervorragendes Format. Großes Gewicht wird oft auf eine besonders prächtige Ausstattung gelegt. So benutzt man sehr originelle Bühnenbilder und riesige Mengen von Statisten. Zuweilen wird der Naturalismus der Darstellung fast etwas zu weit getrieben. Neben den internationalen werden auch einige brasilianische Autoren aufgeführt. Man bringt außerordentlich viele Komödien und Operetten oder Musicals.

Gelegentlich kommen auch europäische, besonders französische, aber auch deutsche Theatergruppen auf Tournee nach Brasilien.

Namhafte brasilianische Dramatiker sind Guilherme Figeiredos, Pedro Bloch, Nelson Rodrigues, Jorge Andrade, Oduvaldo Viana Filho, Roberto Athayde und Leilah Assumpção.

Musik

Die Brasilianer sind in ihrer großen Mehrheit ein ungewöhnlich musikliebendes Volk. In vielen Städten gibt es **gute Orchester,** die sich der ernsten Musik widmen. Ihre Aufführungen werden von einem breiten Publikum besucht. Wenn europäische Musiker nach Brasilien kommen, finden sie immer eine begeisterte Zuhörerschaft.

In der Barockzeit wurde in Brasilien die **Kirchenmusik** sehr gepflegt und es wurde eine Reihe von beachtlichen Werken sakraler Musik geschaffen. Daneben entwickelte sich allmählich eine ausgesprochen brasilianische **Volksmusik,** die stark von afrikanischen Elementen beeinflußt wurde, vor allem was die Rhythmen betrifft. Aus Afrika stammt auch eine große Anzahl der typischen Instrumente brasilianischer Volksmusik. Ähnlich wie der nordamerikanische Jazz aus der Folklore der dorthin verschleppten Negersklaven hervorging, so stammen auch Samba und Bossa Nova letztlich aus der naiven Musikalität versklavter Afrikaner. Beide Richtungen haben ihren Siegeszug um die Welt angetreten und wirken überaus befruchtend auf das abendländische Musikschaffen.

Einen gewissen Höhepunkt erreichte die brasilianische Musik mit den beiden bedeutenden **Opernkomponisten** des 19. Jahrhunderts, Carlos **Gomes** und Alberto **Nepomuceno.** Beide imitierten italienische Vorbilder und hatten großen internationalen Erfolg. Als Gomes sein Meisterwerk „O Guarani" 1870 in Mailand uraufführte, wurde er von Verdi emphatisch beglückwünscht. In stärkerem Maß als Gomes bemühten sich Nepomuceno sowie Alexandre Levy, Motive brasilianischer Volksmusik in ihren Werken anklingen zu lassen. Sehr bekannt ist die „Brasilianische Suite" von Gomes geworden.

Von beachtlicher Originalität sind **die symphonischen Werke** von Heitor Villa-Lobos, gestorben 1959, dem bedeutendsten Vertreter der neueren Richtung in der brasilianischen Musik. Seine bekanntesten Stücke sind „Amazonas" und „Poema" sowie die Symphonie „Descobrimento do Brasil". Er hat außerdem einige Opern geschrieben. Der bedeutendste zeitgenössische Komponist ist Camargo Guarnieri. Auf dem Gebiet der brasilianischen **Unterhaltungsmusik** (Samba, Baião, Bossa Nova) dürften die bekanntesten Namen die von Ari Barroso, Tom Jobim, Gilberto Gil, Edu Lobo, Chico Buarque de Holanda, João Gilberto, Roberto Carlos und Caetano Veloso sein.

Kleine Literaturgeschichte

Bis um die Mitte des 18. Jahrhunderts gab es in der damaligen portugiesischen Kolonie Brasiliens keine eigenständige Literatur. Man imitierte nicht nur die jeweiligen europäischen Stilrichtungen, sondern hielt sich auch in der Themenwahl ganz an die portugiesischen oder spanischen Vorbilder der damaligen Zeit. Erst weitere hundert Jahre später kam es nach einer Übergangszeit zur ersten großen Blüte der brasilianischen Literatur in der sogenannten **„Romantischen Epoche"**. Zu ihr gehört vor allem der Lyriker Gonçalves Dias, der in seinen Gedichten die brasilianische Natur und die Indianer besingt. Ein anderer Dichter jener Zeit, Castro Alves, setzt sich in seinen Versen für die Abschaffung der Sklaverei ein. Die damalige Richtung drückte einen starken Nationalismus aus, der sich vor allem in der Beschäftigung mit dem Ureinwohner Brasiliens, dem Indianer, äußert. Dieser wird zumeist idealisiert und geradezu glorifiziert, eine merkwürdige Ideologie, die ganz im Gegensatz steht zur Behandlung jener Menschen in der Wirklichkeit. Daß aber eine echte humanistische Gesinnung vorhanden ist, zeigt sich besonders da, wo man sich auch mit der Lage der Negersklaven auseinandersetzt.

Zu jener Zeit schrieb auch der große Historiker Adolpho de **Varnhagen** seine berühmte und heute noch wichtige Geschichte Brasiliens, eine exakte Arbeit, die auf eingehendem Quellenstudium beruhte.

Den Übergang zu der nun folgenden **„Naturalistischen Epoche"** bildet Manuel Antônio de Almeida, der in seinem autobiographischen Roman den Militärbetrieb der damaligen Zeit in realistischer Weise beschreibt. Ungefähr seit 1870 setzte sich dann immer stärker die Tendenz durch, weniger die Stimmungen empfindsamer Träumer darzustellen, sondern vielmehr die erlebte Wirklichkeit echter Menschen. Subjektivistische Schwärmereien werden ersetzt durch das Aufzeigen der objektiven gesellschaftlichen Verhältnisse. Politische Forderungen, ja revolutionäres Aufbegehren klingt bei manchen Autoren durch. Die bedeutendsten Schriftsteller jener Epoche sind J. M. Machado de Assis, Aluízio Azevedo und Euclides da Cunha. Vor allem Machado de Assis wurde außerordentlich populär durch seine Romane, in denen sich scharfe Beobachtungsgabe mit feinem Humor verbindet. Seine bekanntesten Werke sind: „Dom Casmurro", „Quincas Borba" und „Memórias postúmas de Bras Cubas". In stärkerem Maß als er befaßt sich Azevedo mit dem Leben des einfachen Volks, etwa in dem Roman „O Cortiço", deutsch: „Ein brasilianisches Mietshaus". Azevedo ist auch viel sozialkritischer. Euclides da Cunha schrieb mit „Os Sertoẽs" den beeindruckenden Bericht über die Vernichtung einer fanatisch-religiösen Gemeinschaft im Nordosten.

Unter den **modernen Schriftstellern Brasiliens** sind vor allem Graciliano Ramos († 1952), José Lins do Rego († 1957), João Guimarães Rosa († 1967), Jorge Amado und Erico Veríssimo († 1975) bekannt geworden. Ramos („„Vidas sêcas", São Bernardo" usw.), Lins do Rego („O menino do Engenho", „Pedra bonita", „Cangaceiros" usw.) und Guimarães Rosa („Grande Sertao") beschreiben mit zuweilen erschütterndem Realismus menschliche Schicksale unter den gesellschaftlichen und wirtschaftlichen Bedingungen der rückständigen Gebiete des brasilianischen Nordostens. Amado, ein brillanter Romancier aus Bahia, vermittelt mit seinen in alle wichtigen Sprachen übersetzten Romanen ein vielseitiges Bild vom Leben des brasilianischen Volkes in den verschiedenen sozialen Schichten. Veríssimo hat in seinem bedeutendsten Werk „O Tempo e o vento" (deutsch: „Die Zeit und der Wind") ein beeindruckendes Bild der Menschen und der geschichtlichen Entwicklung des äußersten Südens Brasiliens gegeben.

Wichtige Namen in der brasilianischen Literaturgeschichte sind noch Mário de Andrade, Manuel Bandeira, C. Drumond de Andrade, Vinicius de Morães, Adonias Filho und Gilvan Lemos. Abschließend sei der in Pernambuco lebende soziologische **Essayist Gilberto Freyre** genannt, dessen Werk für das Verständnis Brasiliens, seiner Geschichte und Kultur von überragender Bedeutung ist, sowie der **Essayist Josué de Castro,** der die Lage der armen Volksschichten beschreibt.

Übersetzungen ins Deutsche

Jorge Amado: Die Abenteuer des Kapitäns Moscoso. München 1964, Die drei Tode des Jochen Wasserbrüller. München 1964; Gabriela wie Zimt und Nelken. Hamburg 1963; Herren des Strandes. Hamburg 1963; Kakao. Berlin 1957; Katakomben der Freiheit. Berlin 1955; Tote See. Hamburg 1959.

Joaquim Machado de Assis: Die nachträglichen Memoiren des Bras Cubas. Zürich 1950; Dom Casmurro. Zürich 1951; Meistererzählungen des Machado de Assis. Hamburg 1964.

Aluízio Azevedo: Ein brasilianisches Mietshaus. Berlin 1931.

Gustavo Corção: Kontrapunkt der Stunden. Köln 1958.

Autran Dourado: Brandung. München 1964.

Gilberto Freyre: Herrenhaus und Sklavenhütte, Köln 1965.

Carolina Maria de Jesus: Tagebuch der Armut — Aufzeichnungen einer brasilianischen Negerin. Hamburg 1963; Das Haus aus Stein — Die Zeit nach dem Tagebuch der Armut. Hamburg 1964.

Clarice Lispector: Der Apfel im Dunkeln. Hamburg 1964.

João Guimarães Rosa: Grande Sertão. Köln 1964.

João Mohana: Der gefangene Reiher. Schweinfurt 1961.

Graciliano Ramos: São Bernardo. München 1960.

Rio de Janeiro — Luftansicht →

José Lins do Rego: Rhapsodie in Rot (Cangaceiros). Bonn 1958; Santa Rosa. Hamburg 1953.
João Guimarães Rosa: Grande Sertão. Köln 1964.
Fernando Sabino: Schwarzer Mittag. Köln 1962.
Erico Veríssimo: Das Bildnis des Rodrigo Cambará. Wien 1955; Die Zeit und der Wind. Stuttgart 1963; Nacht. Wien 1956.

Die Reiher, Brasilianische Erzählungen, Stuttgart 1967.

Malerei, Bildhauerei und Architektur

In der Malerei brachte Brasilien in der Kolonialzeit keine bedeutenden Werke hervor. 1816 lud König João VI. eine Gruppe namhafter französischer Maler nach Rio de Janeiro, damit sie Brasilien mit den Traditionen der französischen Kunst bekanntmachten. Sie erzielten jedoch keinen bleibenden Einfluß. Kaiser Pedro II. gründete viele Jahre später die „**Akademie der Schönen Künste**" in Rio, die heute noch unter dem Namen „Escola Nacional de Belas Artes" existiert. Aber auch im 19. Jahrhundert konnte Brasilien keinen eigenständigen Stil entwickeln. Erst der 1903 bei São Paulo geborene, 1962 in Rio de Janeiro gestorbene **Cándido Portinari** hat wirklich weltweite Anerkennung gefunden. Seine Bilder vom Leben des einfachen Brasilianers, des Weißen, Negers, Mulatten oder Indianers, von seiner Arbeit auf den riesigen Kaffeeplantagen, seinen einfachen Festen usw. sind sehr beeindruckend. Portinari gestaltete auch imposante Kirchenfenster, Fassaden und die Innenausstattung moderner öffentlicher Gebäude.

Der berühmteste **Bildhauer** Brasiliens ist bis auf den heutigen Tag **Antônio Francisco Lisboa** geblieben, den man auch „Aleijadinho" nennt (s. S. 96). Die Ausgestaltung vieler der Barockkirchen von Minas Gerais ist sein Werk. Dieser Künstler, der eine Vielzahl von Kunstwerken hinterließ, befaßte sich ausschließlich mit religiösen Motiven.

Heute gibt es in Brasilien eine größere Anzahl begabter junger Bildhauer und Maler, die ganz unter dem Einfluß der modernen Richtungen stehen und mit neuen Formen und Verfahren experimentieren.

Die **brasilianische Architektur** hat in der Barockzeit interessante Sakralbauten hervorgebracht, bei denen die Einfachheit, ja Strenge des Äußeren mit einer überschwenglich reichen Innenausstattung kontrastiert. Während des Säkularisierungsprozesses im 19. Jahrhundert machte sich auch in der Architektur der französische Einfluß geltend. Während jedoch Brasilien bis vor wenigen Jahr-

← Indianerkinder am Rio Negro

zehnten noch ganz unter dem europäischen klassizistischen Einfluß stand und sich in bloßer Nachahmung erschöpfte, hat sich in sehr kurzer Zeit ein ungewöhnlich nachhaltiger Stilwandel vollzogen, der ein völlig neues Städtebild schuf. Maßgebend sind daran die berühmten brasilianischen Architekten Lúcio Costa und Oscar Niemeyer beteiligt, die städtebauliche Konzeptionen des großen Le Corbusier weiterentwickelt haben. Sie sind die Baumeister von Brasília, der neuen Hauptstadt. Von Niemeyer stammt übrigens auch eines der stattlichen Hochhäuser im Berliner Hansa-Viertel. Die moderne brasilianische Architektur schafft Wohn- und Büro-Hochhäuser, Fabrikanlagen, Kirchen, Universitäten, aber auch private Luxusvillen von einer Zweckmäßigkeit in der Anordnung, Berücksichtigung des Klimas, funktionellen Verwendung des Baumaterials und einer Klarheit der Linienführung, die in der ganzen Welt die allergrößte Bewunderung erregten. Berühmtheit hat auch der Gartenbauarchitekt Roberto Burle Marx erlangt.

Von den Wissenschaften

Früher war die **Erforschung der Natur** Brasiliens eine Domäne der Ausländer, vor allem der Deutschen. Die berühmtesten unter ihnen waren Eschwege, Spix, Prinz zu Neuwied, Martius, der den berühmten Botanischen Garten von Rio de Janeiro anlegte und v. d. Steinen, der sich als Ethnologe in der Indianerforschung hervortat. Daneben waren auch französische, englische und nordamerikanische Forscher tätig. Die Brasilianer befaßten sich vor allem mit der **Bekämpfung der Tropenkrankheiten.** So gelang es Oswaldo Cruz, einem Schüler Pasteurs, das besonders in Rio de Janeiro verheerend wirkende Gelbfieber zu beseitigen. Andere Mediziner bemühten sich um die Erzeugung von Serum gegen Schlangengifte. Auch heute noch sind die berühmtesten Einrichtungen Brasiliens auf diesem Gebiet das **Oswaldo-Cruz-Institut in Rio,** das der experimentellen Medizin dient, und das **Schlangen-Institut Butantã in São Paulo.** Heute bildet sich eine neue Generation brasilianischer Naturwissenschaftler heran, die — teilweise im Ausland ausgebildet — in der Lage ist, ihrem Land in seiner technologischen Entwicklung wirksam zu helfen.

Besondere Erwähnung verdient noch der brasilianische Erfinder Alberto Santos Dumont, einer der bedeutendsten Pioniere der Luftfahrt.

Unter den Sozialwissenschaftlern hat sich vor allem der Wirtschaftswissenschaftler Celsio Furtado hervorgetan, der die Anwendung allgemeiner ökonomischer Rezepte auf die besonderen Bedingungen Brasiliens als eines Entwicklungslandes untersucht.

Mensch und Gemeinschaft

Brasilianische Höflichkeit

Die Brasilianer sind im allgemeinen sehr höfliche Menschen. Zum Teil handelt es sich dabei um eine recht äußerliche Haltung, bei der, wie bei der „chinesischen Höflichkeit", die Wahrung des „Gesichtes" eine große Rolle spielt. Aufgelockert und überlagert wird sie dann aber doch meistens durch eine natürlich wirkende und auch ehrlich empfundene Herzlichkeit, die mit zum Wesen des Brasilianers gehört.

Wird man einem Brasilianer vorgestellt, so scheint es beinahe, als habe er schon jahrelang auf diesen unvergeßlichen Augenblick gewartet. Seine Augen strahlen eine tiefe Beglückung aus, diese neue Bekanntschaft zu machen. Als Ausländer ist man leicht überwältigt von soviel Freundlichkeit und Charme. Vor der Verabschiedung wird es kaum ausbleiben, daß man die Einladung erhält, möglichst bald oder möglichst oft zu Besuch zu kommen. Dabei kann man die folgende Redewendung hören: „Minha casa é sua casa", was soviel heißt wie: Mein Haus steht ganz zu Ihrer Verfügung. Zur Warnung des Fremden sei ausdrücklich gesagt, daß diese Einladung nicht unbedingt ernst zu nehmen ist, sondern in den allermeisten Fällen nur einen Teil des Zeremoniells darstellt, mit dem man dem anderen seine Hochschätzung zum Ausdruck bringt. Es wird erwartet, daß der andere das auch richtig so versteht und die Einladung entweder unter Vorschützen dringender Angelegenheiten und mit tiefem Bedauern ablehnt oder aber in einer jedenfalls sehr vage gehaltenen Form annimmt. Nur wenn man in sehr eindringlicher Weise oder mehrere Male hintereinander eingeladen wird, kann man sicher sein, daß es ernst gemeint ist. Ebenso geschieht es, daß der Brasilianer seine Meinung nicht „offen und ehrlich" oder „klipp und klar" zum Ausdruck bringt, sondern mit Umschweifen, Umschreibungen und andeutenden Hinweisen. In einem gewissen Sinn gibt es das Wort „nein" (não) überhaupt nicht für ihn. Man sagt stattdessen lieber „vielleicht" (talvez; pode ser) oder „ein anderes Mal" (uma outra vez) oder „wir werden sehen" (vamos ver). Auf der anderen Seite ist ein „ja" (sim) noch lange keine feste Zusage, es gilt vielmehr nur bedingt. Versuchen Sie deshalb nicht, den Gesprächspartner genau auf Ort und Zeit festzulegen. Das mag er nicht. Er will alles weitgehend offenlassen und auch auf die Möglichkeit nicht verzichten, daß ein schnell und unüberlegt gegebenes oder nie ernstgemeintes Angebot „in Vergessenheit gerät".

Von der allergrößten Wichtigkeit ist im gesellschaftlichen Verkehr der Brasilianer der „Abraço", die freundschaftliche Umarmung. Jeder Besucher Brasiliens sollte sich schnellstens diese landesübliche Geste in ihren zahlreichen Nuancen aneignen. Die Sache ist gar nicht so einfach und man braucht eine gewisse Erfahrung, bis man weiß, wie man sich in der jeweiligen Situation zu verhalten hat. Natürlich würde es auch in Brasilien befremdlich wirken, würde man gleich bei der ersten Begegnung seinem Gegenüber freudig um den Hals fallen. Bei der Vorstellung drückt man sich nur die Hand und sagt: „Muito prazer" („sehr angenehm"), wie anderswo auch. Im folgenden kommt es aber nun darauf an, wie sich die Unterhaltung entwickelt. Schon nach wenigen Minuten kann sich die Notwendigkeit ergeben, in Beantwortung einer liebenswürdigen Frage oder zur Bekräftigung eines eigenen Arguments, dem Gegenüber leicht auf den Arm oder die Schulter zu klopfen. Bei dem rein sachlichen Gesprächen bietet sich möglicherweise keine Gelegenheit zum Austausch solcher Gesten der Freundlichkeit, aber beim Abschied ist der „Abraço" oder wenigstens seine leichte Andeutung nicht zum umgehen. Das Schwierige, aber auch Nützliche liegt nun darin, die richtige Nuance zu bestimmen. Bei einer kurzen und oberflächlichen Unterhaltung genügt, außer dem üblichen Händedruck, ein leichtes Klopfen mit der Linken auf den Arm des andern. Nach einem besonders angeregten und freundschaftlichen Gespräch ist es jedoch unumgänglich, die linke Hand stärker zu heben und dem anderen mehrmals auf die Schulter zu klopfen, oder — falls eine ganz besondere Sympathie ausgedrückt werden soll — den ganzen Arm um die Schulter des anderen zu legen und einmal fest zu drücken. Das darf aber auch wieder nicht übertrieben werden. Wichtig ist in diesem Zusammenhang natürlich auch das Temperament des Gegenübers. Wenn man nach einiger Zeit den Bekannten wiedertrifft, muß man ihn gleich bei der Begrüßung umarmen; ein bloßer Händedruck reicht da nicht aus. Selbstverständlich ist dieser „Abraço" nur unter Männern üblich. Die Frauen haben jedoch untereinander eine ähnlich schöne Sitte, indem sie sich gegenseitig auf beide Wangen küssen, oder solche Küsse jedenfalls andeuten.

Brasilianische Höflichkeit verlangt es auch, dem anderen in für unser Empfinden geradezu grotesken Übertreibungen zu schmeicheln und seine Vorzüge hervorzuheben. Dazu gehört auch ein ausgiebiger Gebrauch von Titeln. In diesem Zusammenhang sei erwähnt, daß sich praktisch jeder Akademiker als „Doutor" (Doktor) bezeichnen läßt, gleichgültig, ob er ein entsprechendes Examen abgelegt hat oder nicht. Ebenso kann sich jeder Lehrer als „Professor" bezeichnen, also auch jeder Tanz-, Gesang- und Judo-Lehrer. Die Visitenkarte ist in Brasilien ein unentbehrliches Requisit. Man trägt sie in größeren Mengen mit sich herum und der Austausch ist immer eine besonders würdevolle Zeremonie. Hinterher ist es dann schwer, sich zu erinnern, von wem welche Karte stammt. Zu dieser Schwierigkeit trägt noch bei, daß Brasilianer oft eine große Menge von Namen haben. Man weiß manchmal nicht ganz genau, was nun der Nachname ist. Vielleicht, um diesen Zweifeln zu begegnen, oder auch wieder als Zeichen der Herzlichkeit, ist es glücklicherweise üblich, jedermann mit dem Vornamen anzureden, wobei man aber nicht vergessen soll, einen passenden Titel davorzusetzen. „Senhor" allein ist etwas dürftig. Bei Damen setzt man die Bezeichnung „Dona" vor den Vornamen. Dieses System ist insofern komplett und sogar offiziell, als selbst in öffentlichen Registern die Personen häufig nach ihren Vornamen und nicht nach dem Nachnamen geordnet werden.

Brasilianische Lebensart

Die Brasilianer gelten als leidenschaftliche Menschen. Sicher ist, daß sie sich schnell für etwas begeistern können; und ebenso schnell kann diese Begeisterung auch wieder abflauen. Auch Jähzorn oder gar plötzliche Wutanfälle sind möglich; und bald darauf verwandeln sie sich vielleicht in tiefe Reue. Wohl nirgends auf der Welt gibt es so viele Totschläge im Affekt wie gerade in Brasilien. Diese Unausgeglichenheit wird auf rassische und soziale Gegebenheiten zurückzuführen sein. Die Leidenschaft des Brasilianers äußert sich auch in den offiziell verbotenen Glücksspielen, deren populärstes das sehr simple „Bicho"-Spiel ist, in der Fußballbegeisterung und im Straßen-Karneval.

Der wirtschaftliche Existenzkampf ist hart und wird mit aller Unerbittlichkeit geführt. Letztlich steht jeder für sich allein. Vom Staat kann man kaum irgendwelche Hilfe erwarten; besser ist es schon, Beziehungen zu einflußreichen oder finanziell mächtigen Personen zu haben. Soziale Verantwortung wird selten empfunden. Solidarität gibt es nur in verhältnismäßig kleinen Gruppen mit gleichlaufenden Interessen. In dieser Lage sucht jeder möglichst viel Profit für sich herauszuschlagen, ganz gleich, was aus den anderen wird. Diese Rücksichtslosigkeit, die durch Höflichkeit kaschiert wird, geht nicht selten bis an die Grenzen des Erträglichen. Wer vertrauensvoll ist, wird ausgebeutet, wenn er sich nicht selbst mit der gleichen Hartnäckigkeit zur Wehr setzt. Dennoch gibt es in Brasilien weit weniger Gerichtsverfahren als etwa in der Bundesrepublik. Die Brasilianer ziehen es vor, Streitigkeiten durch außergerichtliche Übereinkunft aus dem Weg zu schaffen. Wer seine Forderung überspannt hat, findet schon einen Weg, sie unter Wahrung des Gesichts auf ein realistischeres Maß zurückzuschrauben, wenn er merkt, daß er anders nicht weiterkommt. Für den Ausländer, der nach Brasilien kommt, gilt die Regel, nicht zu vertrauensvoll zu sein, nicht unnötig Vorleistungen zu machen und in Verhandlungen — bei aller Freundlichkeit — hart zu sein.

Es gibt ein Wort, das wie kein anderes für die brasilianische Lebensart bezeichnend ist; dieses Wort heißt „jeito". Es ist nicht einfach zu übersetzen. „Damos um jeito" bedeutet soviel wie: „Wir kriegen die Sache schon irgendwie hin", „Wir schaffen das schon", aber auch „Wir wollen es nicht so genau nehmen; nicht so kleinlich sein". Wo immer eine Schwierigkeit auftritt, versucht der Brasilianer seinen „jeito". Die damit ausgedrückte Haltung weist auf Anpassungsfähigkeit, Großzügigkeit und einen durch eine gewisse Schläue gefärbten gesunden Menschenverstand hin. Man wird mit Geschick schon irgendwie einen Ausweg finden. Man sucht nicht immer nach der perfekten Lösung, eine annehmbare tut es auch. Hauptsache, es geht irgendwie. Da zeigt sich einerseits Optimismus, auf der anderen Seite aber auch die Schlampigkeit, die zur Hilfsbereitschaft neigt oder auch zur Korruption.

Wichtig ist beim Umgang mit Brasilianern, daß man nicht ungeduldig und „rein sachlich" zum Thema kommt. Vielmehr gilt es, sich über Fußball und die Schulprobleme der Kinder langsam an den Zweck der Besprechung heranzutasten.

Die Brasilianer sind in ihrer großen Masse alles andere als stur. Ihnen fehlt auch der Fanatismus, mit dem andere Völker für abstrakte Ideen eintreten. Deswegen sind auch hier die Diktaturen weniger perfekt und damit menschlicher, die Revolutionen unblutiger gewesen. Eine kühle, systematische Denkungsart liegt ihnen nicht so sehr, das Gefühl spricht immer sehr stark mit. Eine praktische, stark mit Aberglauben durchtränkte Frömmigkeit ist weit verbreitet.

Unglaublich ist die Bedürfnislosigkeit und der Gleichmut der armen Schichten der Bevölkerung. Im allgemeinen sind die Leute zufrieden, wenn sie sich nur so einigermaßen und wie bisher auch durchschlagen können. Demgegenüber führen die Reichen in ihren mit großem Geschmack erbauten Villen und Palästen einen sehr eleganten Lebensstil. Von großer Bedeutung für ihren gesellschaftlichen Verkehr sind auch die exklusiven Clubs, die teuer genug sind, um einerseits das Eindringen von Kleinbürgern weitgehend zu verhindern und andererseits eine wirklich gepflegte Atmosphäre zu ermöglichen. Da gibt es Schwimmbäder (öffentliche Schwimmbassins sind nicht vorhanden!), Tennis- und Golfplätze, Tanzsäle und Gesellschaftsräume. Regelmäßige Veranstaltungen sorgen für Unterhaltung, Konzerte und Tanzabende mit ausgezeichneten Orchestern sind vorgesehen. Der Ausländer, der nur kurze Zeit in Brasilien weilt, kann sich durch befreundete Clubmitglieder einladen lassen.

Brauchtum

Stark und lebenskräftig hat sich der **Karneval** erhalten, der in Rio seine größten Triumphe feiert. Aber in geringerem Umfang und mit gewissen Abweichungen wird er fast überall gefeiert. Die begeistertsten Karnevalisten sind dabei die Neger aus den ärmsten Schichten der Bevölkerung, die das ganze Jahr lang auf die paar turbulenten Tage warten, an denen sie in ihren bunten Kostümen mit ihren Tänzen die Straße beherrschen. Der **Samba**, der echte brasilianische Volksmusik ist, stellt das stärkste Element der brasilianischen Folklore dar. Andere Volkstänze, wie z. B. der Caterete, der nur von Männern getanzt wird, der Rancheiro und der Frevo, ein Paartanz, bei dem der Mann mit einem Sonnenschirm tanzt, sind ebenso zurückgedrängt wie die Volkssänger, die sogenannten Trovadores, die zum Teil eigene Lieder komponieren, sich selbst mit Gitarre oder Harmonika begleiten und bei ihren Zusammenkünften auf Jahrmärkten einen Wettkampf im Improvisieren von Texten veranstalten.

Die übrige Folklore ist meist regional gebunden. Am interessantesten sind in dieser Hinsicht sicherlich Bahia und Rio Grande do Sul, wo auch noch besondere Trachten erhalten sind und wo besonders beim Feiern religiöser Feste noch viel altes Brauchtum zu finden ist.

Familienleben

Man kann das Familienleben der Brasilianer nicht beschreiben, ohne von den sozialen Unterschieden Kenntnis zu nehmen, die sich gerade auch in diesem Bereich stark auswirken.

In der reichen Oberschicht der brasilianischen Gesellschaft wachsen die Kinder in einer Welt des Wohlstands heran: sie lernen sehr früh, wie man mit Dienstboten umzugehen hat. Von den Eltern werden sie zumeist verwöhnt. Natürlich besuchen sie die höheren Schulen, am besten private Einrichtungen. Von den Mädchen erwartet man aber nicht, daß sie sich ernsthaft mit wissenschaftlichem Denken befassen. Ist eine junge Dame dieser „besseren Gesellschaft" fünfzehn Jahre alt geworden, so geben ihr die Eltern ein Fest, um auf diese Weise auf sie aufmerksam zu machen. Ähnliche Gelegenheiten sind die ständig veranstalteten **Schönheitswettbewerbe,** bei denen man seine Töchter ausstellen kann. Die Siegerinnen bei diesen Veranstaltungen erhöhen ihre Aussichten auf eine gute Partie erheblich. Auch die vielen geschlossenen Tanzveranstaltungen in den Clubs und in den Privathäusern geben Gelegenheit, einen von den Eltern mit Wohlwollen bedachten, vielversprechenden jungen Mann der gleichen sozialen Klasse kennenzulernen. Nach einiger Zeit wird die Verlobung bekanntgegeben und schließlich wird mit großem Aufwand, mit feierlicher kirchlicher Zeremonie und mit einer großen Anzahl von Gästen die **Eheschließung** vollzogen. Danach läßt die Stärke der Gefühle oft bald nach. In der Familie gibt der Mann den Ton an. Die Frau dirigiert die Dienstboten und beschäftigt sich mit der Erziehung der Kinder. Die Welten der Ehepartner bleiben streng geschieden, teils schon deshalb, weil die Frau aufgrund ihrer mäßigen und einseitigen Bildung meistens sowieso nicht viel mitreden kann. Bei Abendgesellschaften spielt sich die Konversation oft getrennt nach Geschlechtern ab; während die Männer sich über ihre Geschäfte unterhalten, erörtern die Frauen Fragen des Haushalts und der Kindererziehung. Mögen sich die Ehepartner nach einiger Zeit auch noch so unausstehlich finden, die Möglichkeit einer **Ehescheidung ist im brasilianischen Recht nicht vorgesehen.** Als einziger Ausweg gibt es eine **Ehetrennung,** die auch die vermögensrechtlichen Aspekte klärt. Aber die getrennt lebenden Eheleute können zu Lebzeiten des anderen Partners keine neue Ehe eingehen. Damit ist Brasilien eines der wenigen Länder, deren Familienrecht sich am kanonischen Recht der katholischen Kirche orientiert. Die erneute Eheschließung eines Getrenntlebenden im Ausland wird von den brasilianischen Behörden interessanterweise nicht zur Kenntnis genommen, obwohl es nur konsequent wäre, in solchen Fällen eine Anklage wegen Bigamie zu erheben.

Aber Ehetrennungen sind in den reichen Kreisen nicht häufig. Es besteht kein wirkliches Interesse daran. Eheliche Treue ist beim brasilianischen Mann ohnehin nicht das Übliche. Ist der Brasilianer sehr vermögend, so kommt es vor, daß er nicht nur in ausreichendem Maß für die eigene Familie sorgt, sondern auch noch eine oder mehrere feste Geliebte unterhält. Die Familie weiß zumeist von dieser Situation, die mehr oder weniger stillschweigend als normal akzeptiert wird.

In den kleinbürgerlichen Kreisen geht es dagegen puritanischer zu. Hier achtet man ungemein auf den guten Ruf der Tochter oder Schwester. Junge Mädchen dieser sozialen Schicht können es sich nicht erlauben, abends allein spazieren zu gehen oder gar eine Gaststätte zu betreten. Sie haben auch wenig Gelegenheit, einen passenden Partner zu finden. Am ehesten kommen da die Freunde der Brüder oder die Brüder der Freundinnen in Frage. Selbst nach der Verlobung werden sie kaum von den Eltern oder Brüdern mit dem Ehekandidaten allein gelassen. Dies wird für die sicherste Methode gehalten, sie unbescholten unter die Haube zu bringen. Ist dieses große Ziel bis zu ihrem dreiundzwanzigsten Lebensjahr noch nicht erreicht, dann beginnt man bereits, sie als „Solteironas", als alte Jungfer, zu betrachten. Ist aber glücklich geheiratet worden, dann gibt es bald eine Reihe von Kindern, und die Frau geht ganz in der Hausarbeit auf. In diesen Familien werden Kindtaufen,

Hochzeiten und Beerdigungen mit einem Aufwand gefeiert, den man sich eigentlich gar nicht leisten kann.

Wieder ganz anders sieht es im Proletariat aus. Man kommt als uneheliches Kind zur Welt und erhält den Namen der Mutter, die oft im Zweifel sein kann, wer der Vater des Kindes ist. Die Väter wissen zuweilen auch nicht so genau, ob, wo und wieviele Kinder sie haben. Sehr früh muß sich das Kind sein Geld als Schuhputzer, Zeitungsjunge oder Dienstmädchen selbst verdienen. Ein Teil dieser Kinder, die in einer Welt der Unordnung aufwachsen, sinkt in die Schicht der Prostituierten, Diebe und Vagabunden ab. Die Besten schaffen den Aufstieg ins Kleinbürgertum und passen sich den dort verbreiteten Vorstellungen von Moral und Familie an.

Die Sprache

Vor der Entdeckung Brasiliens durch die Europäer waren **Tupi und Guaraní** die verbreitetsten Sprachen in diesem Teil der Welt. Daneben gab es — wie heute noch — viele andere Indianersprachen. Als die ersten Portugiesen ins Land kamen, wurde in ihren Siedlungen neben der portugiesischen Sprache auch noch Tupi gesprochen, das die Kinder von ihren indianischen Müttern lernten. Bald setzte sich dann aber doch das Portugiesische durch, wenn es auch viele indianische Wörter aufnahm. In der Folge erlebte es dann weitere Bereicherungen durch afrikanische Sprachen und durch die verschiedenen Sprachen der europäischen Einwanderer der letzten 150 Jahre. Aus den Dialekten der deutschen Siedler wurden zum Beispiel Wörter wie „Chopp" (= Schoppen = ein Glas Bier) und „Schmier" (Brotaufstrich) übernommen.

Portugiesisch, die offizielle Sprache Brasiliens, gehört zu den romanischen Sprachen und hat im Wortschatz viele Ähnlichkeiten mit dem Spanischen. Die Aussprache und auch die Grammatik weist jedoch erhebliche Unterschiede zu anderen romanischen Sprachen auf. Die Erlernung dieser Sprache ist für jeden Einwohner Brasiliens unumgänglich. Zwar wird im Hinterland in abgelegenen Kolonien europäischer Siedler im Verkehr miteinander oft noch weitgehend die Sprache des ehemaligen Herkunftslandes gesprochen, die manchmal allerdings mehr eine Mischsprache mit sehr vielen portugiesischen Wörtern ist; aber im Verkehr mit anderen Brasilianern und vor allem auch mit den Behörden muß man Portugiesisch sprechen. Im Schulunterricht ist die Benutzung der portugiesischen Sprache obligatorisch. Dies hat den großen Vorteil, daß es die fremdsprachlichen Minderheiten aus ihrer kulturellen Randlage herausbringt und ihre Assimilierung begünstigt. Das sollte nicht hindern, daß die Nachkommen der Einwanderer weiterhin Deutsch, Italienisch, Polnisch oder Japanisch lernen.

Die brasilianische Variante der portugiesischen Sprache wird übrigens von drei Vierteln aller portugiesisch Sprechenden gesprochen. Das restliche Viertel entfällt auf Portugal und seine ehemaligen Kolonien; das dort gesprochene Portugiesisch unterscheidet sich vom Brasilianischen sowohl in der Aussprache als auch im Wortschatz. Die brasilianische Aussprache ist — möglicherweise unter afrikanischem Einfluß — durch Vokaldehnung und einen jovial klingenden Tonfall gekennzeichnet.

Die gebräuchlichsten Fremdsprachen sind in Brasilien, wie auch in anderen Teilen der westlichen Welt, Englisch, Französisch und Spanisch. In der letzten Zeit hat das Interesse an der Erlernung der deutschen Sprache erheblich zugenommen, und zwar gerade auch unter den nicht deutschstämmigen Brasilianern.

Der Sport

Die Brasilianer sind sehr sportbegeistert. In jeder Großstadt gibt es einige Fußballstadien und Rennplätze. Das Fußballstadion Maracanã gilt als das größte der Welt. Es faßt 200 000 Menschen. Brasilien ist dreifacher Fußballweltmeister, Pelé einer der berühmtesten Fußballspieler der Welt. Aber auch im Basketball, im Tennis und im Reitsport haben sich brasilianische Sportler hervorgetan. Golf ist in den letzten Jahren große Mode bei den besitzenden Schichten geworden; entsprechend hat die Zahl der Golfklubs zugenommen. Neuerdings sind Autorennen sehr populär. Ein berühmter brasilianischer Rennfahrer ist Emerson Fittipaldi.

Wirtschaft, Finanzen, Sozialverhältnisse

In der Wirtschaftsgeschichte Brasiliens unterscheidet man verschiedene Etappen oder „Zyklen", die für die allgemeine historische Entwicklung des Landes seit seiner Entdeckung von entscheidender Bedeutung waren. Das **Brasilholz** war die ursprüngliche wirtschaftliche Basis; seine Nutzung bestimmte die ersten fünfzig Jahre der brasilianischen Geschichte. Von der Mitte des 16. Jhdts. bis weit in das 17. Jhdt. hinein beruhte die Wirtschaft der Kolonie Brasiliens nahezu ausschließlich auf dem **Zuckerrohr** und auf der **Viehwirtschaft.** Damals entstanden die großen Fazendas mit ihrer besonderen Atmosphäre, die durch das Herrenhaus und die vielen schwarzen Sklaven geprägt wurde. Das ganze 18. Jhdt. stand unter den Auswirkungen der **Gold- und Diamantenfunde.** Auf ihnen beruhte die brasilianische Barockzeit mit ihren reichen Kunstwerken. Aber der durch sie geschaffene Reichtum führte auch zu nationalem Selbstbewußtsein und damit zu Unabhängigkeitsbestrebungen. Das 19. Jhdt. wurde wirtschaftlich durch die Exporte von **Tabak, Baumwolle** und dann besonders **Kaffee** bestimmt. Zu Beginn unseres Jahrhunderts erlebte Brasilien einen ganz kurzfristigen „**Kautschuk-Zyklus**". Die letzten zwanzig Jahre sind durch eine immer stärker sich entwickelnde **Industrialisierung** gekennzeichnet.

Bei einem so riesigen Land wie Brasilien, das ganz verschiedene geographische und klimatische Gebiete umfaßt, gibt es natürlich erhebliche Unterschiede hinsichtlich der wirtschaftlichen Entwicklung. Danach kann man Brasilien in drei Regionen aufteilen:

1. Nord-, West- und Zentralbrasilien umfassen 65% des brasilianischen Territoriums und 10% der Bevölkerung, tragen aber nur mit 6% zum Volkseinkommen bei. Es handelt sich um fast unerschlossene Gebiete mit primitiver Naturalwirtschaft und außerordentlich niedrigem Lebensstandard.

2. Der Nordosten, das am längsten besiedelte Gebiet Brasiliens, umfaßt 16% des nationalen Territoriums und 30% der Bevölkerung. Er liefert nur 14% des Volkseinkommens und bildet in großen Teilen ein echtes Notstandsgebiet.

3. Die Süd- und Südoststaaten sind zusammengenommen nur wenig größer, beherbergen aber 60% der Bevölkerung und produzieren 80% des Volkseinkommens. Sie sind hinsichtlich der Erzeugung, des Verkehrs und des Einkommens der Bevölkerung durchaus mit einigen europäischen Ländern zu vergleichen.

Diese großen regionalen Unterschiede muß man sich immer vor Augen halten, wenn man sich ein realistisches Bild von den wirtschaftlichen und sozialen Zuständen in Brasilien machen will.

Das brasilianische Bruttosozialprodukt entsteht zu etwa 15% im primären Sektor (Landwirtschaft, Bergbau usw.), zu etwa 30% im sekundären Sektor (Industrie und Baugewerbe) und zu etwa 55% im tertiären Sektor (Dienstleistungen, einschließlich staatlichem Sektor). Es wuchs längere Zeit um jährlich etwa 10% real, ist 1977 jedoch auf einen Zuwachs von 5% zurückgefallen. 1975 betrug das Bruttosozialprodukt je Einwohner in Brasilien etwa 1500 DM.

Brasilien hat, als Gesamtheit betrachtet, typische Merkmale eines Entwicklungslandes, wenngleich einzelne Regionen bereits einen hohen wirtschaftlichen Entwicklungsstand aufweisen. Entwicklungspolitische Maßnahmen (Schaffung einer Infrastruktur, Importsubstitution, Exportförderung) spielen daher die entscheidende Rolle in der Wirtschaftspolitik des Landes. Der formale Rahmen wird durch den laufenden II. Entwicklungsplan der Bundesregierung (1975—1979) gegeben, dessen ehrgeizige Ziele jedoch infolge der Energiekrise und der weltwirtschaftlichen Lage nicht im vollen Umfang erreicht werden können. Neben den Bundesbehörden (Ministerien und sogenannten „Autarquias") haben auch die Einzelstaaten und die Munizipien einen Einfluß auf die Entwicklungsplanung. Es gibt Bundesministerien für die Sektoren Landwirtschaft, Bergbau und Industrie. Von besonderer Bedeutung sind auch die Nationale Entwicklungsbank (BNDE) sowie die regionalen Entwicklungsbehörden SUDENE (für den Nordosten), SUDAM (für das Amazonasgebiet) und CODESUL (für die drei südlichsten Staaten).

Aus der Bundesrepublik Deutschland hat Brasilien zwischen 1950 und 1975 öffentliche Entwicklungshilfeleistungen von einer Mrd. DM erhalten (davon zwei Drittel in Form von rückzahlbaren Krediten).

Landwirtschaft

Trotz zunehmender Industrialisierung ist Brasilien immer noch weitgehend ein Agrarland. Mit ungefähr fünfzehn Millionen stellen die in der Landwirtschaft Tätigen die größte Berufsgruppe dar. Die Größe des Landes mit fruchtbaren Böden gibt der Landwirtschaft in Brasilien noch ungeheure Möglichkeiten in der Zukunft. Bis jetzt werden erst fünf Prozent des brasilianischen Territoriums für den Ackerbau genutzt. Es gibt also noch riesige Flächen, die in der Zukunft bebaut werden können, so daß Brasilien in der Lage sein wird, ein Vielfaches seiner jetzigen Einwohnerzahl zu ernähren und darüber hinaus noch Nahrungsmittel in andere Teile der Welt zu exportieren. Heute allerdings wächst die Bevölkerung Brasiliens schneller als die landwirtschaftliche Produktion, so daß sich die Versorgung der Bevölkerung mit Nahrungsmitteln sogar zeitweise verschlechtert.

Die kultivierte Fläche verteilt sich in abnehmendem Maß auf die folgenden Kulturen: Sojabohnen, Reis, Weizen, Kaffee, Baumwolle und Zuckerrohr.

Die größte wirtschaftliche Bedeutung unter den Agrarprodukten Brasiliens hat traditionell der **Kaffee**. Am Gesamtwert der Ausfuhr ist er mit fast 15%/o beteiligt. Seit der Mitte des vorigen Jahrhunderts und bis auf den heutigen Tag ist Brasilien der größte Kaffeeproduzent der Welt. Es deckt ein Drittel des internationalen Kaffeebedarfs. Der Anbau der Pflanze ist bis zur Jahrhundertwende andauernd vergrößert worden. 1907 wurde der Höhepunkt erreicht, als Brasilien mit 86%/o der Weltkaffeeproduktion ein Quasi-Monopol besaß. Seither hat Brasilien diese beherrschende Stellung verloren, da sich der Anbau des Kaffees auch in anderen Teilen der Welt stärker ausbreitete. Bis in die vierziger Jahre hinein versuchte der protektionistische Staat durch die sogenannte „Kaffee-Valorisation", das heißt: durch Ankauf der Ernte und Vernichtung von Überschüssen, die Preise in einer bestimmten Höhe zu halten. Nach einem empfindlichen Rückgang in der Weltwirtschaftskrise um 1930 wurde in den letzten zwanzig Jahren der Anbau wieder ausgedehnt. Das Schwergewicht verschob sich dabei in steigendem Maß vom Staat São Paulo nach Paraná. Neue Plantagen wurden auch in Mato Grosso und Goiás angelegt. Allerdings entstand mit dieser Ausweitung der Anbaugebiete wieder die Gefahr der Überproduktion und des Preisrückgangs. Dieser Gefahr wurde durch Beseitigung nicht mehr im vollen Sinn wirtschaftlicher Kaffeesträucher und durch internationale Abkommen der Erzeugerländer über eine Stützung des Kaffeepreises begegnet. In den letzten Jahren ist die Kaffeeproduktion durch Pilzbefall stark geschädigt worden. Dreiviertel der exportierten Kaffeemenge geht in die USA. Das restliche Viertel wird hauptsächlich nach Westeuropa exportiert. Die Hauptanbaugebiete befinden sich in den Staaten Paraná und São Paulo. Die Hauptausfuhrhäfen sind Paranaguá und Santos.

Der Kaffeestrauch erreicht eine Durchschnittshöhe von 4—5 Metern. Nach vierjährigem Wachstum kommt es zur ersten Ernte. Die Sträucher blühen von Oktober bis Dezember. Die Erntezeit dauert von Mitte Mai bis Ende Juli. Im Fruchtfleisch der Kaffeekirsche stecken jeweils zwei Kerne — die Kaffeebohnen. Nachdem das Fruchtfleisch maschinell entfernt ist und die Bohnen getrocknet sind, werden sie nach Güte und Größe sortiert.

In den letzten Jahren ist Brasilien zum wichtigsten **Rohrzucker**produzenten der Welt geworden; das Zuckerrohr macht dem Kaffee seine Stellung als wichtigster Devisenbringer streitig. Die Hauptanbaugebiete liegen im Staat São Paulo und im Nordosten.

Unter den Exportprodukten Brasiliens nimmt die **Sojabohne** zusammen mit ihrer Kleie den dritten Platz ein. Damit ist Brasilien nach den USA und der VR China zum drittgrößten Sojabohnenproduzenten der Welt geworden.

Als **Kakao**-Produzent liegt Brasilien nach Ghana und Nigeria an dritter Stelle in der Welt, nachdem es früher einmal den ersten Platz innegehabt hat. Der Kakao wird besonders im Staat Bahia angebaut und eigentlich fast ausschließlich für den Export erzeugt. Zwei Drittel davon gehen in die USA. Die Hauptausfuhrhäfen sind Salvador und Ilheus.

Auch die **Baumwolle** ist ein wichtiges Exportprodukt. Der Anbau wurde vor allem in den dreißiger Jahren gesteigert, als man nach dem Zusammenbruch des Kaffeepreises mit seinen katastrophalen Folgen von der Monokultur wegzukommen suchte. Damals stieg Brasilien zum viertgrößten Baumwollproduzenten der Welt auf. In der Nachkriegszeit wurde die Erzeugung dann nicht mehr wesentlich vergrößert. Etwa ein Fünftel der Produktion wird exportiert und versorgt 4% des Weltmarktes. Die wichtigsten Anbaugebiete liegen in den Nordost-Staaten und in São Paulo.

Der Anbau von **Reis** ist immerhin soweit entwickelt, daß über die Deckung des eigenen sehr großen Bedarfs hinaus auch noch beträchtliche Mengen exportiert werden können. Die Anbaugebiete werden ständig erweitert. Bisher wird der Reis besonders in den Staaten Rio Grande do Sul und São Paulo erzeugt.

Umfangreich ist die Erzeugung von **Mais** (vierter Platz in der Weltproduktionsstatistik), **Bohnen** und **Maniok** für die Versorgung des brasilianischen Binnenmarktes. Zusammen mit Reis bilden sie die wichtigsten Nahrungsmittel für breite Schichten der brasilianischen Bevölkerung. Brasilien ist der größte Produzent von schwarzen Bohnen (Feijão). Diese Produkte werden im ganzen Land angebaut. Die Produktion von **Weizen** in den Südstaaten ist in den letzten Jahren vervielfacht worden und deckt jetzt weitgehend den eigenen Bedarf.

Der brasilianische **Tabak** ist besonders in Deutschland und den Niederlanden geschätzt. Die einheimische Produktion reicht aus für den inländischen Bedarf und für regelmäßigen Export. Die wichtigsten Produktionsgebiete liegen in den Staaten Bahia, Rio Grande do Sul und Minas Gerais. Brasilien belegt den vierten Platz unter den tabakproduzierenden Ländern.

Landwirtschaftliche Erzeugnisse, die hauptsächlich der Versorgung des Inlands dienen, sind **Kartoffeln, Süßkartoffeln, Soja** und **Erdnüsse.** Dazu kommen **Ananas, Bananen, Feigen, Pfirsiche, Melonen** und **Trauben.** Auch die Erzeugung von **Tee** und **Mate** deckt vor allem den inländischen Bedarf. Orangen hingegen sind neuerdings ein bedeutendes Exportprodukt geworden.

Von der früheren Vorrangstellung Brasiliens auf dem Gebiet der Erzeugung von **Naturkautschuk** (Latex) ist kaum mehr etwas übrig geblieben, nachdem einige größere Versuche gescheitert sind, im Amazonasgebiet Großplantagen anzulegen. Zur Deckung des brasilianischen Kautschukbedarfs, der durch die beträchtliche Automobilproduktion immer mehr angestiegen ist, hat man Fabriken zur Erzeugung von synthetischem Gummi errichtet. Neuerdings werden wieder Versuche unternommen, in den Staaten São Paulo und Mato Grosso Kautschukplantagen anzulegen.

Beim Anbau von **Jute** und **Sisal** wurden gute Erfolge erzielt, so daß Brasilien auf diesem Gebiet vom Importeur zum Exporteur geworden ist. Auch hochwertige **Ölfrüchte** haben für Brasilien eine gewisse außenwirtschaftliche Bedeutung. Darunter sind vor allem **Kokosnüsse, Paranüsse, Babaçu-Kerne** und **Baumwollsaat** zu nennen.

Forstwirtschaft

Die Ausbeutung des ungeheuren Reichtums Brasiliens an Hölzern jeder Art ist wegen der ungenügenden verkehrsmäßigen Erschließung des Innern bei weitem noch nicht wirklich in Angriff genommen worden. Nur das Pinienholz der Südstaaten sowie Palisander (Jacarandá) aus dem Staat Esprírito Santo werden in nennenswertem Umfang exportiert. Sie sind auch in Brasilien selbst die wichtigsten Gebrauchshölzer. Fast die Hälfte der Oberfläche Brasiliens ist mit Urwald bedeckt, der noch der forstwirtschaftlichen Erschließung harrt. Inzwischen werden aber die dichter besiedelten Gebiete immer weiter leergeholzt, wodurch in manchen Gebieten die Gefahr einer Versteppung entsteht. Das Holz dient nämlich vor allem auch zu Heizzwecken. Häufig werden selbst wertvolle Hölzer durch Brandrodung in Neulandgebieten vernichtet. Die Wiederaufforstung steckt noch in den Anfängen.

Von den Waldprodukten seien noch das Carnaúba-Wachs, Rizinus und verschiedene Harze genannt. Außerdem gibt es eine Reihe von Früchten und Pflanzen für industrielle und besonders auch medizinische Zwecke. Am bekanntesten darunter ist vielleicht der Guaraná.

Viehzucht

Brasilien ist auch **einer der größten Viehzüchter** der Welt. In der Haltung von Eseln und Maultieren nimmt es sogar den ersten Platz ein. Man rechnet mit annähernd 20 Millionen Pferden, Eseln und Maultieren. Sein Rinderbestand ist mit fast 100 Millionen Stück der größte in Südamerika. Man hat alle möglichen Rassen heimisch gemacht. So sieht man das indische Zebu-Rind neben der Hereford-Rasse. Bei den Schweinen (35 Millionen) sieht man europäische und nordamerikanische Rassen. Es werden auch viele neue Kreuzungen erzeugt. Die Viehzucht konzentriert sich vor allem auf die Staaten Minas Gerais, São Paulo und Rio Grande do Sul. Bei Ziegen (16 Millionen) und Eseln steht hingegen Bahia an erster Stelle, und in der Schafzucht (27 Millionen) führt Rio Grande do Sul mit gewaltigem Abstand.

Der Export von Fleisch, Fleischkonserven, Häuten und Fellen hat in den vergangenen zwei Jahrzehnten seine frühere Bedeutung weitgehend eingebüßt. Die Erhaltung eines so hohen Bestandes an Reit- und Zugtieren erklärt sich aus der noch ungenügenden verkehrsmäßigen Erschließung weiter Teile des Landes. Auch hier hat man Typen gezüchtet, die den landschaftlichen und klimatischen Verhältnissen Brasiliens besonders gut angepaßt sind. Am bekanntesten ist die Crioula-Rasse aus dem Staat Rio Grande do Sul. Bei der Maultierzucht haben sich ebenfalls gute Erfolge gezeigt.

Die **Geflügelproduktion** gewinnt zunehmend an Gewicht. In der Nähe von Großstädten nimmt die Zahl der Geflügelfarmen zur Erzeugung von Fleisch und Eiern zu.

Bienenzucht wird namentlich in den Südstaaten betrieben. Es gibt auch verschiedene Versuche mit der Seidenraupenzucht, fast ausschließlich im Staat São Paulo, wo sich viele Japaner niedergelassen haben.

Fischfang

Der Fischfang hat in Brasilien noch nicht die wirtschaftliche Bedeutung erlangt, die der 5600 km langen Küste und den zahlreichen Flüssen entsprechen würde. Der inländische Verbrauch nimmt nur langsam zu, der Export, vor allem von Langusten und Krabben, hat erst begonnen.

Bergbau und Energiewirtschaft

Brasilien ist eines der an Bodenschätzen reichsten Länder der Erde. Allerdings liegt dieser Reichtum zum größten Teil noch unerschlossen im Landesinnern. Voraussetzung für seine volle Nutzung ist der Ausbau guter Verkehrsverbindungen.

Ein Viertel aller **Eisenerzvorkommen** der Erde soll in Brasilien liegen und hier vor allem im Staat Minas Gerais, wo sich in der Itabira-Region Lagerstätten von mindestens dreizehn Milliarden Tonnen Hämatit mit einem durchschnittlichen Metallgehalt von 65% befinden. Dieses Erz, das die berühmten schwedischen Erze an Qualität noch übertrifft, erstreckt sich in Schichten über ein Gebiet von 150 km Länge und 100 km Breite und erreicht eine Mächtigkeit von 150 m. Außerdem kann das Erz größtenteils sogar im Tagebau gefördert werden. Insgesamt vermutet man in Minas Gerais Reserven von 40 Milliarden Tonnen Eisenerz mit einem Metallgehalt von über 30%. Wichtige Reserven existieren auch in Mato Grosso, wo man 1,3 Milliarden Tonnen 50%iges Erz vermutet. Weitere Vorkommen wurden in Bahia, Goias, Amapá, São Paulo, Santa Catarina, Paraná und Ceará festgestellt. Insgesamt werden die brasilianischen Eisenerzvorräte auf 60 Milliarden Tonnen geschätzt. Die jährliche Abbaumenge nähert sich der 100 Millionen-Grenze. Ein Großteil des gewonnenen Erzes geht ins Ausland.

Brasilien ist auch eines der reichsten Länder an **Manganerz.** Die Vorkommen liegen hauptsächlich in Mato Grosso, Amapá und Minas Gerais. Bis jetzt werden vor allem die Lagerstätten in Amapá und Minas Gerais ausgebeutet. Ein erheblicher Teil der Produktion wird in die USA exportiert.

Kupfererz wird vor allem in Rio Grande do Sul abgebaut. Weitere Vorkommen befinden sich in den Staaten Bahia, Ceará, Paraná und São Paulo.

Zinnerz-Vorkommen hat man in Minas Gerais, Amapá und Paraiba festgestellt. Mit ihrem Abbau wurde im Zweiten Weltkrieg begonnen. Die größte Menge wird in Minas Gerais gefördert. Neuerdings werden in Rondônia Zinnreserven in der Größenord-

Wald im Amazonas-Gebiet →

nung von 10 Mio. t vermutet. Das wäre die Hälfte der geschätzten Weltreserve.

Blei findet man besonders in Bahia, Paraná und São Paulo, meist in Verbindung mit Zinn oder Silber.

Die **Nickelerz-Gewinnung** konzentriert sich vor allem auf den Staat Goiás, wo auch die reichsten Vorkommen liegen. Kleinere Vorkommen in Minas Gerais werden ebenfalls ausgebeutet.

Riesige **Bauxitlager** befinden sich in Minas Gerais sowie in den Staaten Amazonas und Pará. Die Gesamtreserven werden auf über 1 Milliarde Tonnen geschätzt. Die jährliche Abbaumenge liegt bei mehr als 1 Mio. t.

Gold wird in vielen Gegenden Brasiliens gefunden. Der allergrößte Teil der Gesamtausbeute von jährlich nur fünf Tonnen stammt jedoch vom Morro Velho in Minas Gerais.

Silber fällt lediglich als Nebenprodukt bei der Förderung von Gold oder Zinn an.

An weiteren **Mineralvorkommen** hat man Wismut, Kobalt, Chrom, Quecksilber, Platin, Quarz, Zink und radioaktive Erze festgestellt. Dazu kommen noch große Bestände an Gips, Marmor, Graphit, Dolomit, Phosphaten.

Wichtig sind schließlich auch die Funde an **Edelsteinen und Halbedelsteinen.** Unter den Edelsteinen haben vor allem die Diamanten für industrielle Zwecke und zur Herstellung von Schmuck große Bedeutung. Die wichtigsten Lagerstätten befinden sich in Minas Gerais und Goiás. Weitere Vorkommen werden in Mato Grosso, Bahia, Paraná und einigen nördlichen Territorien ausgebeutet. Die Gewinnung geschieht noch auf recht rudimentäre Weise. Die meisten Diamanten werden exportiert, doch ist die Ausfuhr in den letzten Jahren immer mehr zurückgegangen. Man vermutet allerdings, daß sehr viele der Steine außer Landes geschmuggelt werden. Andere brasilianische Edelsteine sind Smaragd, Topas, Turmalin und Beryll. Brasilien ist der wichtigste Halbedelsteinproduzent der Welt. Hier seien nur Amethyst, Achat, Aquamarin und Rosenquarz genannt. Sie werden ebenfalls exportiert, und zwar vor allen Dingen auch in die Bundesrepublik (1976 für 6,6 Mio. US-Dollar).

An **Kohle** fehlt es in Brasilien. Die geringen Vorkommen, die überdies nur minderwertige Qualität liefern, liegen sämtlich in den Südstaaten, und zwar vor allem in Santa Catarina und Rio Grande do Sul. Der Kalorienwert der brasilianischen Kohle liegt nur bei 5000 Wärmeeinheiten je Kilogramm. Es werden im Jahr ungefähr dreieinhalb Mio. t Steinkohle gefördert, von denen jedoch nur ²/₃ unmittelbar zu Heizzwecken verwendet werden können. Daher muß jährlich eine weitere Mio. t Kohle importiert wer-

← O b e n : Kathedrale von Brasilia
   U n t e n : Gerichtshof in Brasilia

den. Sobald es gelingt, die altertümlichen Fördermethoden grundlegend zu modernisieren, wird es möglich sein, den inländischen Bedarf in stärkerem Maß zu decken. Die Eisenerzeugung wird aber weiterhin auf importierte hochwertige Kokskohle angewiesen sein. Im Amazonasbecken befinden sich angeblich größere Vorkommen an Braunkohle, die aber bisher noch nicht wirtschaftlich abgebaut werden können.

Bei der **Erdöl-Produktion** ist Brasilien heute mit einer Jahresproduktion von etwa 8,5 Mio. t zu etwa $^1/_5$ Selbstversorger. Man vermutet, daß es weitere Erdöllager im Land sowie unter dem Meeresboden an der Küste gibt. Heute werden Erdöl und Erdgas vor allem in Bahia gewonnen. Die halbstaatliche Gesellschaft „Petrobrás", das größte Unternehmen Südamerikas, unternimmt die Förderung und Verarbeitung des brasilianischen Erdöls. Es existieren mehrere staatliche Raffinerien, die größte davon in Cubatão bei Santos. Im Staate Paraná werden auch Ölschiefer abgebaut.

Brasilien verfügt über ein **gewaltiges Reservoir an Wasserkraft**. Vor allem in der südlichen Landeshälfte, an den Rändern des Brasilianischen Berglandes, gibt es an den vielen reißenden Flüssen und Wasserfällen große Möglichkeiten zur Schließung der brasilianischen Energielücke. In den letzten Jahren sind viele neue hydro-elektrische Kraftwerke errichtet worden, die teilweise noch weiter ausgebaut werden. Zu erwähnen ist das Kraftwerk Furnas am Rio Grande, an der Grenze der Staaten Minas Gerais und São Paulo (1,2 Mio. kW), die Kraftwerke bei den Paulo-Afonso-Wasserfällen des São Francisco (1,5 Mio. kW) und Tres Marias am oberen São Francisco, im Norden von Minas Gerais. Die größte Elektrizitätsgewinnungsanlage befindet sich bei Urubupungá am oberen Paraná. Sie besitzt eine Kapazität von 4,6 Mio. kW. Mit Wasserkraft werden gegenwärtig etwa 22 Mio. kW erzeugt, rd. 90% der gesamten Stromerzeugung. Im Staate Paraná werden einige große Staudämme errichtet, u. a. bei den Sete Quedas, den „sieben Fällen" des Paraná-Flusses, wo man ein Potential von 12—14 Mio. kW vermutet (Itaipú). Dennoch wird erst ein Bruchteil der vorhandenen Wasserkräfte genutzt. Da der Bedarf an elektrischer Energie wegen der wachsenden Industrialisierung und der zunehmenden Elektrifizierung des breiten Landes ständig steigt, gehört die Vermehrung der Energie-Erzeugung, die überwiegend auf der Wasserkraft beruhen muß, zu den wichtigsten Voraussetzungen der weiteren wirtschaftlichen Entwicklung.

Brasilien interessiert sich auch für die **Nutzung der Atomenergie**, um die wachsende Nachfrage nach Energie zu befriedigen. Im Land selbst existiert vermutlich eine reiche Rohstoffbasis für die nukleare Energieerzeugung. Besonders vielversprechend sind die **Uran-Lagerstätten** in Minas Gerais, Goiás und Paraná. In São Paulo, Belo Horizonte und Rio de Janeiro arbeiten bereits drei kleinere

Reaktoren, die ersten in ganz Südamerika. Ein großes nukleares Kraftwerk wird in Angra dos Reis bei Rio de Janeiro errichtet. Mit deutscher Technik soll die Elektrizitätsgewinnung aus Kernbrennstoffen einen gewaltigen Auftrieb erleben. Der **deutschbrasilianische Atomvertrag von 1975** ist von allergrößter Bedeutung für die künftigen Wirtschaftsbeziehungen der beiden Länder.

Industrie

Die brasilianische Industrie stammt eigentlich aus der Zeit des Ersten Weltkrieges, als das Land von der Versorgung mit europäischen Industrieprodukten weitgehend abgeschnitten wurde. Starke Anstöße erhielt sie auch in den dreißiger Jahren, als die Weltwirtschaftskrise autarkische Tendenzen bei der brasilianischen Staatsführung hervorrief. Während des Zweiten Weltkrieges konnten große Investitionen vorgenommen werden, auf der anderen Seite gewann die Selbstversorgung noch an Gewicht. Nach dem Krieg sprachen sowohl nüchterne wirtschaftliche Überlegungen als auch nationalistische Empfindungen dafür, die Industrialisierung zu verstärken, um von der kritischen Position eines reinen Rohstofflieferanten wegzukommen und eine vielseitige und ausgeglichenere Wirtschaftsstruktur zu errichten. Vor allem in der zweiten Hälfte der fünfziger Jahre wurde die Errichtung neuer Industriezweige planmäßig gefördert. Seit damals investieren auch viele amerikanische und europäische Firmen in Brasilien, an hervorragender Stelle auch Unternehmen der Bundesrepublik Deutschland. **Der Schwerpunkt der Industrie Brasiliens liegt im Staat São Paulo.** Dort befindet sich beinahe die Hälfte aller Betriebe und Industriearbeiter. Die Stadt São Paulo und ihre unmittelbare Umgebung ist zum bedeutendsten Industriezentrum Brasiliens geworden. Die Industrie erweist sich als der eindeutige Motor der wirtschaftlichen Entwicklung Brasiliens, während die Landwirtschaft erheblich zurückbleibt.

Bis zum Beginn des Zweiten Weltkrieges wurde die **Eisen- und Stahlerzeugung** in einer Reihe kleiner und mittlerer Betriebe vorgenommen, die angeblich sogar mit Holzkohle Gußeisen erzeugten. Diese an Kapitalmangel leidenden, in Minas Gerais und den Südstaaten verstreuten Kleinbetriebe waren nicht in der Lage, Walzwerkerzeugnisse herzustellen. 1940 wurde dann die „Companhia Siderúrgica Nacional" mit Staatsmitteln gegründet. In sechsjähriger Arbeit errichtete sie das große Stahlwerk von Volta Redondo, das 150 km von Rio de Janeiro und 40 km von dem Kohlenhafen Mangaratiba entfernt liegt. In diesem mehrmals erweiterten modernen Werk, das die größte Anlage zur Stahlerzeugung in ganz Südamerika ist, werden die hochwertigen Erze von Itabira verarbeitet. Volta Redondo ist mit 45% an der Rohstahlerzeugung und mit 25% an der Herstellung von Walzwerkerzeugnissen in Brasilien beteiligt. Daraus ersieht man die gewaltige Rolle dieses einen Stahlwerkes im Rahmen der siderurgischen Industrie Brasiliens.

Das Eisen- und Stahlwerk der „Sociedade Mannesmann S. A." in Belo Horizonte, das 1954 in Betrieb genommen wurde, liefert jährlich mehr als 500 000 t Rohstahl; es stellt außerdem nahtlose Rohre her. Weitere namhafte Stahlproduzenten sind die „Acesita", die „Cosipa" und die „Usiminas", die letztere ein brasilianisch-japanisches Gemeinschaftsunternehmen.

Die Rohstahlerzeugung Brasiliens lag 1975 bei 8,6 Mio. t.

Die beschleunigte Industrialisierung hat vor allem auch die **metallverarbeitende Industrie begünstigt.** Sowohl die elektrotechnische Industrie als auch der Maschinen- und Apparatebau erlebten einen gewaltigen Aufschwung. Besonders ins Auge fallend aber ist der Fortschritt auf dem Gebiet der **Fahrzeugindustrie.** Während vor 1957 noch kein einziger Personenwagen vollständig im Land selber hergestellt werden konnte, hat die Produktion inzwischen schon etwa 600 000 Pkw jährlich erreicht. Daneben werden jährlich etwa 300 000 Lastkraftwagen und Omnibusse hergestellt. Hierbei spielt das brasilianische Zweigwerk von Daimler-Benz eine hervorragende Rolle, außerdem die Firma Magirus-Deutz. Mehr als die Hälfte der brasilianischen Personenwagen wird im Volkswagenwerk bei São Paulo hergestellt — mit 20 000 Arbeitskräften eines der größten Industrieunternehmen Brasiliens. Auch die verschiedenen Modelle von General Motors und Ford werden in Brasilien gebaut. Seit 1961 hat man mit der Herstellung von Schleppern begonnen, die besonders für die Landwirtschaft von großer Wichtigkeit sind. 1976 wurden 76 000 Traktoren in Brasilien gefertigt. Die Fahrzeugindustrie hat natürlich viele Zulieferbetriebe ins Leben gerufen und auch die Gummi-Industrie begünstigt. Als Folge der Erdölkrise mußte die Automobilindustrie in allerletzter Zeit ihre industrielle Schlüsselstellung an die Kapitalgüterindustrie abgeben. Auch die **Schiffbau-Industrie** nahm in den letzten Jahren einen erheblichen Aufschwung. Neuerdings ist auch mit der Herstellung kleinerer Flugzeuge begonnen worden.

Angesichts der großen Bauprojekte der vergangenen Jahre ist die **Zementproduktion** ständig gewachsen. Sie betrug 1976 18 Mio. t. Eine besonders bedeutende Stellung besitzt die „Companhia Brasileira de Cimento Portland".

Auch die **Aluminiumerzeugung** hat seit 1970 erheblich zugenommen. Sie betrug 1977 146 000 t. Die **Glas- und die Keramikindustrie** hat sich der allgemeinen industriellen Expansion der letzten Jahre angeschlossen.

Die älteste Industrie Brasiliens ist die **Textilindustrie.** Sie verarbeitet Baumwolle, Wolle, Kunstfasern, Naturseide und Jute

Etwa die Hälfte aller Betriebe befaßt sich mit der Baumwollverarbeitung. Auch die Baumwoll-Industrie konzentriert sich im Staat São Paulo. Ein Teil der Erzeugung wird exportiert. Geringes Gewicht besitzt die Wollindustrie. Hingegen hat die Bedeutung der synthetischen Fasern immer mehr zugenommen.

Die **Leder-Industrie** ist ebenfalls bedeutend. Ein wichtiges Zentrum ist die Stadt Novo Hamburgo im Staat Rio Grande do Sul. Brasilien ist ein wichtiger Schuhexporteur geworden.

Sehr viele Arbeiter beschäftigt die in verschiedene Zweige gegliederte vielseitige **Nahrungsmittel-Industrie.** Die Fleischerzeugung betrug 1976 ungefähr 3,1 Mio. t Fleischwaren. Zu diesem Zweck wurden 11 Mio. Rinder, 11 Mio. Schweine, 2,5 Mio. Schafe und 2 Mio. Ziegen geschlachtet. Im gleichen Jahr wurden 10,6 Mio. t Milch erzeugt. Die Milcherzeugung ist, teilweise wegen der unzweckmäßigen Preispolitik, noch unbefriedigend.

Die **Zucker-Fabrikation** wird in einer Vielzahl meist kleinerer Betriebe vorgenommen, die gleichzeitig auch Alkohol-Destillerien umfassen. 1977 wurden 7,5 Mio. t Zucker erzeugt.

Ein gewisses Gewicht hat die **tabakverarbeitende Industrie,** die sich in den Staaten Rio de Janeiro, São Paulo und Rio Grande do Sul konzentriert. 1976 wurden 304 000 t Tabak produziert.

Von gewaltiger Bedeutung für Brasilien ist der weitere Ausbau der **chemischen Industrie.** Sie hat künftig vor allem die Versorgung mit künstlichen Düngemitteln sicherzustellen. Von zunehmendem Gewicht ist die Petrochemie, die die Grundstoffe für die Kunstfasererzeugung liefert, die Asphaltherstellung, die für die Erweiterung des Straßennetzes erforderlich ist, und die Säureerzeugung.

Gewaltige Fortschritte hat die **pharmazeutische Industrie** gemacht. Große internationale Unternehmen haben in Brasilien investiert und in wenigen Jahren eine so vielseitige Industrie aufgebaut, daß Brasilien heute in der Arzneimittelherstellung praktisch autark ist. An diesem Ergebnis sind deutsche und schweizerische Firmen maßgeblich beteiligt. Diese Industrie konzentriert sich weitgehend auf die beiden Städte Rio de Janeiro und São Paulo. Mit dem Export von Medikamenten ist begonnen worden.

Die **Kunststoff-Industrie** ist einer der jüngeren Industriezweige des Landes. Sie ist bereits in der Lage, den einheimischen Bedarf vollständig zu decken; mit dem Export der Produkte wurde begonnen. Die Kunststoff-Industrie ist in ganz besonderer Weise in São Paulo konzentriert. Sie umfaßt bereits nahezu 2000 Fabriken.

Die **Papier- und Zellstoff-Industrie** ist trotz gewaltiger Förderung in den vergangenen Jahren noch nicht in der Lage, den inländischen Bedarf vollständig zu decken. Trotz des eigenen Reichtums an Wäldern, und obwohl man für die Zelluloseproduktion sowohl Bambus als auch die Rückstände des Zuckerrohrs verwendet, ist Brasilien noch immer von einer erheblichen Rohstoffeinfuhr abhängig.

Die **Möbelindustrie,** die zum größten Teil auf dem Pinienholz aus Paraná beruht, hat sich hauptsächlich im Staat São Paulo niedergelassen.

Die weitere wirtschaftliche Entwicklung Brasiliens wird wohl weitgehend davon abhängen, ob die großen Reichtümer des Landes erschlossen werden. Dabei glaubt Brasilien auf ausländisches Kapital und technisches Wissen nicht verzichten zu sollen. Von den **500 deutschen Firmen,** die bisher schon eine bedeutende Rolle bei der Industrialisierung Brasiliens spielten, seien hier nur die bekanntesten genannt: AEG, Bayer, Bosch, Daimler-Benz, Demag, Deutz, Henkel, Krupp, Mannesmann, Siemens und Volkswagen. Am bedeutendsten ist die Firma Volkswagen do Brasil, die mehr als 20 000 Arbeiter beschäftigt und deren Wert auf über 2 Mrd. DM veranschlagt wird. Unter den ausländischen Investoren in Brasilien nehmen Firmen aus der Bundesrepublik neben den US-Unternehmen (35%) mit 11% den zweiten Platz ein.

Die größten Hindernisse der wirtschaftlichen Entwicklung Brasiliens sind infrastruktureller Art. Die wichtigsten Aufgaben sind daher die Vergrößerung der Energieversorgung, der Ausbau des Transportwesens und nicht zuletzt eine bessere — vor allem auch mehr technisch orientierte — Ausbildung der Bevölkerung.

Außenhandel

· Aus der wirtschaftlichen Struktur Brasiliens leitet sich die Zusammensetzung seines Handels mit anderen Ländern ab. Grob gesprochen ist Brasilien ein Exporteur von Lebensmitteln und industriellen Rohstoffen und ein Importeur industrieller Fertigwaren. **Die wichtigsten Ausfuhrprodukte** waren 1976 Kaffee (im Wert von 2,4 Mrd. US-$), Zucker (205 Mio. US-$), Sojabohnen (einschl. Kleie, 1,6 Mrd. US-$), Eisenerze (1 Mrd. US-$), Maschinen und Kraftfahrzeuge (700 Mio. US-$, 1975) und Kakao (220 Mio. US-$).

Die meisten Devisen mußte Brasilien 1975 für die **Einfuhr** von Erdöl (2,9 Mrd. US-$), Maschinen (3,5 Mrd. US-$) und chemischen Produkten (750 Mio. US-$) aufwenden. Es folgen Stahl und Weizen.

Die fortschreitende wirtschaftliche Entwicklung Brasiliens drückt sich darin aus, daß der Anteil industrieller Fertigwaren an der Ausfuhr allmählich zunimmt und auf der anderen Seite mehr hochwertige Investitionsgüter importiert werden.

Unter den **Handelspartnern Brasiliens** nehmen die USA den ersten Platz ein. Ihr Anteil beträgt durchschnittlich 20% bei der brasilianischen Ausfuhr und etwa 30% bei der Einfuhr. Diese schon seit langem bestehenden engen Handelsbeziehungen zwischen den beiden Ländern haben zu einer weitgehenden wirtschaftlichen Abhängigkeit Brasiliens von den USA geführt. Den zweiten Platz nimmt die Bundesrepublik Deutschland ein, die mit etwa 10% an der brasilianischen Ein- und Ausfuhr beteiligt ist. Weitere wichtige Handelspartner sind Saudi-Arabien, Japan und Irak.

In die BRD exportiert Brasilien vor allem Eisenerze und Sojabohnen; es bezieht aus der BRD zum allergrößten Teil Maschinen.

Die **Handelsbilanz** ist in den letzten Jahren häufig passiv gewesen. Brasilien strebt danach, seine Ausfuhr zu erhöhen.

Brasilien ist **Mitglied der Lateinamerikanischen Freihandelszone** ALALC.

Bankwesen

1965 wurde in Brasilien eine Bankreform durchgeführt, in deren Rahmen erstmals in der Geschichte des Landes eine formelle Zentralbank geschaffen wurde. Diese Zentralbank wird vom „Nationalen Währungsrat" geleitet, dem der Bundesfinanzminister vorsitzt. Sie bedient sich des **„Banco do Brasil"** als ihres ausführenden Organs. Dieses Bankinstitut, das in allen Teilen des Landes seine Niederlassungen hat, ist nicht nur die größte, sondern auch die vielseitigste Bank Bralisiens. Als Bank der Bundesregierung unterhält sie Geschäftsverbindungen mit dem Schatzamt und anderen Regierungsstellen und kontrolliert den Außenhandel. Sie ist aber auch eine wichtige staatliche Investitionsbank und darüber hinaus zur gleichen Zeit eine Geschäftsbank, die Kredite an die Privatwirtschaft erteilt. In den letzten Jahren hat der Banco do Brasil eine Vielzahl von Auslandsniederlassungen errichtet, u. a. in New York, Tokio, Amsterdam, Hamburg und Frankfurt am Main.

Unter den zahlreichen anderen staatlichen Entwicklungsbanken ist der „Banco Nacional de Desenvolvimento Econômico" zweifellos die bedeutendste. Sehr wichtig ist auch die staatliche Bausparkasse „Banco Nacional de Habitação".

Brasilien verfügt über eine Vielzahl **privater Banken.** Die größten sind in São Paulo oder Belo Horizonte registriert.

Die **Sparkassen** des Bundes und der Einzelstaaten spielen in der Kreditwirtschaft Brasiliens eine untergeordnete Rolle.

Insgesamt gibt es in Brasilien etwa 400 Bankinstitute mit rund 10 000 Filialen.

Wertpapierbörsen bestehen in Rio, São Paulo, Pôrto Alegre, Recife und Santos.

Geldwesen

Inflationen sind in der Geschichte Brasiliens keine Seltenheit gewesen. Die Inflation der letzten Jahrzehnte ist jedoch hinsichtlich ihrer Dauer als auch vor allem ihres Umfangs außergewöhnlich.

Sie begann schon in den fünfziger Jahren, erhielt durch ehrgeizige Entwicklungs- und Industrialisierungsprojekte unter der Regierung Kubitschek einen gewaltigen Antrieb und erreichte ihren Höhepunkt in der politisch und sozial unruhigen Zeit vor dem Sturz der Regierung Goulart. Seit April 1964 ist es gelungen, das Tempo der Geldentwertung zu verringern. Die Inflationsrate betrug seit einigen Jahren etwa 25%/o jährlich, ist dann aber als Folge der Ölpreiskrise wieder auf über 30%/o gestiegen. Der Wechselkurs wird in häufigen kleinen Stufen angepaßt.

Soziale Verhältnisse

In den meisten Entwicklungsländern sind die sozialen Verhältnisse unbefriedigend. Brasilien macht darin bestimmt keine Ausnahme. Das durchschnittliche **Pro-Kopf-Einkommen** liegt bei 1500 DM pro Jahr. Zwischen den einzelnen Landesteilen bestehen jedoch gewaltige Unterschiede, beispielsweise ist der Wert für den Staat São Paulo sechsmal so hoch wie der für den Staat Piauí im Nordosten. Auch das **Einkommensgefälle** zwischen Stadt und Land ist enorm. Daher rührt die Landflucht und die Bevölkerungsballung in wenigen Großstädten, in denen gerade die vielen Zuwanderer ernste soziale Probleme erzeugen. In den Städten selbst ist wiederum der Unterschied zwischen arm und reich augenfällig, obwohl die Mittelschicht durchaus nicht so dünn ist wie in manchen anderen Entwicklungsländern.

Brasilien rühmt sich seit den Zeiten des Präsidenten Vargas der „fortschrittlichsten Arbeitsgesetzgebung Südamerikas", durch welche die Industriearbeiter und die Angestellten gefördert werden. Das Problematische daran ist nur, daß übertriebene wohlfahrtsstaatliche Prinzipien mit der Realität eines sich wirtschaftlich erst entwickelnden Landes in einen gewissen Kontrast geraten. Beispielsweise ist ein Arbeiter, der ein Jahrzehnt lang in ein und demselben Betrieb gearbeitet hat, damit praktisch unkündbar geworden. Andererseits ist der Schutz der Landarbeiter gegen wirtschaftliche Ausbeutung noch unzureichend. Große Probleme erwachsen auch aus der **unausgeglichenen Struktur der Landwirtschaft.** Während in manchen Landesteilen die noch aus den Frühzeiten des Kolonialismus stammenden Latifundien mit unselbständiger Arbeit bewirtschaftet werden, gibt in anderen Teilen die Zersplitterung des Besitzes in „Minifundien" zu Besorgnis Anlaß, besonders auch in den von Brasilianern deutscher Abstammung besiedelten Südstaaten. In den fernen Gebieten des Nordens leben die halbzivilisierten Indianer und Mestizen zuweilen unter erbärmlichen sozialen Verhältnissen, während die reinen Indianer ganz aus dem Rahmen der brasilianischen Sozialordnung herausfallen.

Die in den Städten lebenden Arbeiter und Angestellten werden von einer staatlichen **Sozialversicherung** betreut. Diese ist aufgegliedert in verschiedene Institute. Die staatlichen Versicherungsinstitute sind stark überlaufen. Private Ersatzkassen fehlen jedoch. Dafür haben größere Betriebe einen besonderen, kostenlosen medizinischen Dienst eingerichtet.

Zum Schutz der städtischen Arbeiter legt der Staat jährlich den gesetzlichen Mindestlohn fest. Der „Mindestlohn" ist jedoch in der Praxis mehr eine Art Richtgröße; durchaus nicht jeder Arbeiter erhält den „Mindestlohn".

Die **Gewerkschaften** sind in Brasilien nicht spontan entstanden, sondern sie sind eine Gründung der Regierung Vargas. Die gesamte Organisation der brasilianischen „Syndikate" umfaßt nicht nur die Einzelgewerkschaften, die sich in nahezu 3000 Konföderationen vereinen, sondern ebenso die etwa 2500 Syndikate der Arbeitgeber, die ebenfalls in Konföderationen zusammengefaßt sind, und weiterhin mehr als hundert Vereinigungen von Angehörigen freier Berufe, die in einer einzigen Konföderation zusammengeschlossen sind. Das ganze System zeigt eine ständestaatliche Konzeption. Unter der Regierung Goulart entfalteten manche Führer von Arbeitergewerkschaften eine lebhafte politische Tätigkeit mit der Tendenz, eine Änderung des sozialen Systems herbeizuführen. Die Gewerkschaften wurden daher nach dem Eingreifen des Militärs im April 1964 ebenso „gesäubert" wie die politischen Parteien. Heute sind die „Syndikate" veranlaßt, sich ausschließlich der Unterstützung ihrer Mitglieder zu widmen. Sie haben bestenfalls Einfluß auf die betrieblichen Arbeitsbedingungen, nicht aber auf die Lohntarife. Streiks sind verboten.

Gesundheit und ärztliche Betreuung

Der Gesundheitszustand des Durchschnittsbrasilianers ist nicht übermäßig gut. Zwar sind die früher so verheerenden Krankheiten, wie Gelbfieber und Malaria, fast völlig verschwunden, aber die **Säuglingssterblichkeit** ist noch immer eine der höchsten der Welt, und bei den Erwachsenen spielen die ansteckenden Krankheiten Tuberkulose, Syphilis und Lepra eine gewisse Rolle. Am allgemeinsten dürften jedoch **Mangelerscheinungen** sein, die mit der schlechten Ernährung zusammenhängen, wobei es sich weniger um ungenügende Nahrungsaufnahme handelt als vielmehr um unzweckmäßige, einseitige Ernährung und das Trinken von verseuchtem Wasser. Fast alle Brasilianer klagen darüber, an „Figado" zu leiden, an der Leber also; in Wirklichkeit sind damit praktisch alle Beschwerden des Magens und der Verdauung gemeint. Wurmerkrankungen sind stark verbreitet, vor allem unter der ländlichen Bevölkerung.

Es gibt heute in Brasilien rd. 4500 Krankenhäuser mit etwa 400 000 Betten und etwa 9000 Ambulatorien sowie Beratungsstellen. Die Zahl der Ärzte beträgt (1974) 86 259, die der Zahnärzte 7207.

Aber auch zusammen mit den von religiösen Bruderschaften oder sonstigen privaten Vereinigungen getragenen Hospitälern sind noch lange nicht genügend Einrichtungen der öffentlichen medizinischen Betreuung vorhanden. Die privaten Krankenhäuser sind teuer, dafür aber auch größtenteils modern eingerichtet. Auch die Konsultation eines privaten Arztes ist sehr kostspielig. Für Unfälle sind besondere Stationen der Ersten Hilfe („Pronto Socorro") eingerichtet.

In abgelegenen Gebieten spielen „Curandeiros" (Heilpraktiker) eine gewisse Rolle. Noch heute verfügt die Hälfte der Munizipien nicht über einen eigenen Arzt.

Teil II

DER

PRAKTISCHE

REISEFÜHRER

Reise und Verkehr

Nach Brasilien reist man von Europa aus normalerweise mit dem Flugzeug. Auf dem Luftweg erreicht man Rio de Janeiro von Frankfurt aus in etwa zwölf Stunden. Die Schiffsreise dauert auf einem Passagierdampfer von Europa nach Rio rund 15 Tage, auf einem Frachter im allgemeinen drei Wochen.

Internationaler Flugverkehr

Von den mitteleuropäischen Flughäfen Frankfurt und Zürich finden täglich Direktflüge nach Brasilien statt.

Die internationalen Linien fliegen Rio (Flughafen Galeão, 13 km zur Stadt) und São Paulo (Flughafen Viracopos, 96 km zur Stadt) an. Neben der Lufthansa, der Swissair und der brasilianischen Gesellschaft VARIG wird die Brasilienstrecke noch von einer ganzen Reihe anderer Linien bedient. Sie alle benutzen die neuesten Verkehrs-Düsenmaschinen. Preislich und hinsichtlich der Beförderungsbedingungen gibt es keine Unterschiede zwischen ihnen. Auch der Service ist überall derselbe.

Der Flugpreis für Flug von den deutschen Flughäfen Frankfurt, Köln-Bonn, Düsseldorf, München, Nürnberg und Stuttgart nach Rio de Janeiro und zurück beträgt etwa DM 3350 in der Touristenklasse (Preise ohne Gewähr).

Einige Touristik-Veranstalter bieten Brasilienreisen zu sehr günstigen Preisen an: Kaufhof/Hertie, Terramar (Frankfurt), Transeuropa, Kuoni, Touropa/Scharnow, Neckermann, Dr. Tigges, airtours. Zwei Wochen mit Flug gibt es schon für rd. DM 2000. Auskünfte erteilt jedes Reisebüro.

Seereise

Schiffsverbindungen zwischen Europa und Brasilien bestehen nicht mehr so häufig wie früher. Als Einschiffungshäfen kommen Hamburg, Bremen, Rotterdam, Antwerpen, Le Havre und Genua in Frage. Die Passagierdampfer verfügen gewöhnlich über drei Klassen, die sich preislich und im Service beträchtlich unterscheiden, nämlich die Erste Klasse, die Touristenklasse und die Economy-Klasse. Einen besonders guten Ruf genießen die modernen und sehr schnellen Schiffe der italienischen Linien. Die argentinischen Schiffe gelten als besonders billig. Die Reisedauer nach Rio beträgt etwa 11—16 Tage, nach Santos 1—2 Tage mehr.

Während die großen Passagierdampfer — wenigstens für die ersten beiden Klassen — Schwimmbad, Kino, Tanzveranstaltungen, Gesellschaftsspiele und ähnliches bieten, ist die Überfahrt auf einem Frachtschiff ruhiger. Zur Reise auf einem Frachter benötigt man etwas mehr Zeit. Einen genauen Fahrplan gibt es da nicht. Die Fracht, nicht der Passagier, ist die Hauptsache. Deshalb gibt es zuweilen Verzögerungen und sogar Änderungen der Route. Die Schiffe legen an den Kanarischen Inseln an, um zu tanken, und laufen gegebenenfalls Recife, Salvador und andere Häfen an, bevor sie in Rio eintreffen. In all diesen Zwischenstationen kann der Passagier an Land gehen und sich die Städte ansehen.

Einzelheiten über die jeweils gültigen Preise und die Abfahrtszeiten der Flugzeuge und Schiffe sind bei den einschlägigen Reisebüros zu erfragen.

Der Inlandverkehr

Brasilien wurde von der Küste aus besiedelt. Dementsprechend ist in Küstennähe, und zwar vor allem in den am dichtesten besiedelten Staaten, das Verkehrsnetz am besten entwickelt. In den wenig erschlossenen und dünn bevölkerten Staaten und Territorien des Nordens und des Innern dagegen sind gute Verkehrswege noch selten. Bis zum Aufkommen der inländischen Luftfahrt war in diesen Landesteilen die Flußschiffahrt das einzige Mittel der Beförderung von Personen und Gütern. Heute werden im brasilianischen Norden die großen Urwaldstraßen, vor allem die bekannte „Transamazônica" (5000 km lang, Teil eines 12 000 km langen Straßensystems, das im Entstehen ist) gebaut.

Eisenbahnen

Brasilien hat nur 31 000 km Eisenbahnlinien. Vorherrschend sind dabei Stichbahnen, die kein zusammenhängendes Netz bilden. Die Bahnen sind im Besitz des Bundes, der Einzelstaaten oder privater Gesellschaften und haben keine einheitliche Spurweite. Ein geringer Teil ist elektrifiziert, vor allem in den Staaten São Paulo und Minas Gerais. Die Strecken haben zu einem großen Teil einen ungenügenden Unterbau; außerdem sind viele Lokomotiven und Waggons veraltet. Deswegen verkehren die Züge oft sehr langsam und mit Unterbrechungen. Die als „Trens de luxo" bezeichneten Expreßzüge sind für den Touristen geeignet. Beachtliche Ingenieurleistungen stellen die Eisenbahnlinien São Paulo—Santos und Curitiba—Paranaguá dar.

Überlandstraßen

Auch das Straßennetz ist noch recht weitmaschig und die Qualität der bestehenden Strecken vielfach unbefriedigend. In dem riesigen Territorium gibt es 1 300 000 km als Straßen bezeichnete Verkehrsverbindungen; vier Fünftel davon sind Gemeindestraßen, was in der Praxis zumeist bedeutet, daß sie die Qualität von Feldwegen haben. Die Bundes- und Staatsstraßen sind fast alle ausgebaut und zu einem guten Teil asphaltiert. Es gibt mittlerweile 90 000 km gut befestigte Straßen in Brasilien, etwa die Hälfte davon mit Asphaltdecke. Sehr gut sind die Autostraßen zwischen Rio, São Paulo, Belo Horizonte und Brasília sowie die Straße von São Paulo nach Curitiba und Pôrto Alegre. Großartig ist die Autobahn zwischen São Paulo und der Hafenstadt Santos. Überhaupt verfügt der Bundesstaat São Paulo über vorzügliche Straßen. Auch zu den Iguaçu-Fällen kann man auf guten Straßen gelangen. Wichtige Straßen sind die Verbindungen der Hauptstadt Brasilia mit den verschiedenen Landesteilen, so die Strecken nach Belém (Amazonas-Mündung), nach Fortaleza (Nordküste) und nach Cuiabá (Mato Grosso). Auch der Nordosten verfügt inzwischen über teilweise vorzügliche Straßen. Zwischen den großen Städten verkehren täglich moderne bequeme Reisebusse. In allen größeren Städten kann man Leihwagen für Ausflüge mieten.

Küsten- und Flußschiffahrt

An der langen Küste Brasiliens ist die Küstenschiffahrt naturgemäß sehr verbreitet. Vor dem Bau von leistungsfähigen Straßen war sie die beste und billigste Transportmöglichkeit zwischen den Küstenstädten. Von den schiffbaren Flüssen ist der Amazonas der bei weitem bedeutendste. Überseeschiffe können den breiten und tiefen Strom bis nach Manaus hinauffahren, kleinere Dampfer gelangen sogar bis auf peruanisches Territorium. Von Bedeutung für die Flußschiffahrt ist auch der Paraná-Fluß.

Insgesamt besitzt Brasilien etwa **900 Häfen.** Davon sind 200 am Meer gelegen. Aber nur 15 Seehäfen haben größere wirtschaftliche Bedeutung; die wichtigsten sind Rio, Santos, Paranaguá und Vitória. Für manche Touristen mag interessant sein, daß auf Passagierschiffen eine 25-Tage-Reise von Rio de Janeiro nach Manaus und zurück möglich ist.

Der inländische Flugverkehr

Von allen Verkehrsarten ist in Brasilien der Flugverkehr noch immer am besten entwickelt. Das Luftverkehrsnetz ist erstaunlich dicht. Flüge über verhältnismäßig kurze Strecken, die man in Mitteleuropa mit der Eisenbahn zurücklegen würde, sind hier nicht selten. Erst recht kommen bei den sich aus der riesigen Ausdehnung des Landes ergebenden wirklich langen Strecken für den Tourismus wohl nur die Flugverbindungen in Frage. Der inländische Luftverkehr wird von einem halben Dutzend brasilianischer Gesellschaften durchgeführt. Die wichtigste ist die VARIG, die auch internationale Linien nach Europa und Nordamerika unterhält. Es folgen „Vasp" und „Cruzeiro do Sul" sowie „Sadia". Brasilien hat **mehr als tausend Flugplätze**. Zwischen den großen Städten verkehren täglich mehrere Maschinen. Besonders dicht ist der Verkehr zwischen Rio (Stadtflughafen Santos Dumont) und São Paulo (Stadtflughafen Congonhas), wo jede halbe Stunde ein „Lufttaxi" in beiden Richtungen verkehrt. Dies ist nach New York — Washington die meistbeflogene Strecke der Welt. Die Flugpreise sind verhältnismäßig niedrig.

Entfernungen
zwischen einigen brasilianischen Städten

1. Gute Autostraßen

Rio de Janeiro — São Paulo	441 km
Rio de Janeiro — Belo Horizonte	464 km
São Paulo — Belo Horizonte	586 km
Belo Horizonte — Brasília	740 km
São Paulo — Brasília	1012 km
São Paulo — Curitiba	408 km
Curitiba — Pôrto Alegre	715 km

2. Luftverkehrsverbindungen

Recife — Salvador	700 km
Salvador — Rio de Janeiro	1300 km
Rio de Janeiro — Belo Horizonte	350 km
Belo Horizonte — Brasília	700 km
Brasília — Salvador	1050 km
Brasília — Manaus	2000 km
Belem — Rio de Janeiro	1500 km
São Paulo — Curitiba	350 km
Curitiba — Foz do Iguacu	550 km
Curitiba — Florianópolis	300 km
Florianólis — Pôrto Alegre	400 km

Vorgeschlagene Reiserouten

1. **Rio und Umgebung — São Paulo und Santos** (oder umgekehrt). Diese Tour ist auch für Schiffsreisende geeignet, die nach Uruguay oder Argentinien weiterreisen. Sie können das Schiff in Rio verlassen und in Santos wieder besteigen. Es ist zu empfehlen, die vorzüglichen bequemen Reisebusse auf den guten Autostraßen zu benutzen.
— Siehe die Stadtführer durch Rio und São Paulo.

2. **Rio — São Paulo — Belo Horizonte** (Barock-Gebiet) — Rio.
Mindestzeit 2 Wochen. Reisebusse, Flugzeuge, Eisenbahn.
Siehe die Führer durch Rio, São Paulo und das Barockgebiet von Minas Gerais.
3. **Rio — São Paulo — Belo Horizonte** (Barock-Gebiet) — **Brasília — Salvador — (Rio).**
Dauer etwa 3 Wochen. Omnibus bis Belo Horizonte oder Brasília, dann Flugzeug.
Siehe die Führer durch Rio, São Paulo, das Barockgebiet von Minas Gerais, Brasília und Salvador.
4. **Rio — São Paulo — Belo Horizonte** (Barock-Gebiet) — **Brasília Manaus — Belém — Recife — Salvador — Rio.**
Dauer etwa 4 Wochen. Mit Flugzeug von Brasília nach Manaus, mit Flußschiff von Manaus nach Belém, mit Flugzeug von Belém oder Küstenschiff von Belém nach Recife, mit Bus nach Salvador, mit Flugzeug nach Rio.
— Siehe die Stadtführer durch Rio, São Paulo und Brasília sowie die Führer durch das Barockgebiet von Minas Gerais, das Amazonasgebiet, Recife und Salvador.
5. **Rio — São Paulo — Curitiba — Foz do Iguaçu — Pôrto Alegre — (Florianópolis) — Curitiba — São Paulo — Rio.**
Mindestzeit 3 Wochen. Mit dem Bus bis Iguaçu, dann mit dem Flugzeug nach Pôrto Alegre und mit dem Bus auf der Küstenstraße zurück nach Curitiba (über Florianópolis). Dann mit dem Flugzeug nach Rio.
—Siehe die Führer durch Rio, São Paulo und den brasilianischen Süden.
6. **Recife — Salvador — Rio — São Paulo — Curitiba — Florianópolis — Pôrto Alegre** (oder umgekehrt).
Dies ist eine Route, die den Reisenden zu empfehlen ist, die mit dem Flugzeug nach Montevideo oder Buenos Aires weiterfliegen bzw. von dort kommen. Sie sollten ihre Reise so einrichten, daß sie an jedem der genannten Orte eine kurze Zeit unterbrechen. Natürlich können sie auch Abstecher nach Belo Horizonte und/oder Brasília und an die Iguaçu-Fälle einlegen.
— Siehe die Führer durch Recife, Salvador, Rio, São Paulo und den brasilianischen Süden.

Dies sind wohl die interessantesten Reiserouten in Brasilien. Sie sind je nach Neigung, Zeit- und Geldaufwand beliebig abwandelbar und können zum Teil noch miteinander kombiniert werden. Auf jeden Fall berühren sie diejenigen Punkte dieses riesigen und kontrastreichen Landes, die dem europäischen Reisenden den besten Eindruck in die landschaftlichen Schönheiten, die wirtschaftliche Potenz, die städtebaulichen Konzeptionen, den geschichtlichen Hintergrund und das Zusammenleben der verschiedenen Rassen mit ihren jeweiligen Mentalitäten, ihren Sitten und Gebräuchen gestattet. Im folgenden werden diese Punkte und Gebiete einzeln beschrieben.

Was die Verkehrsmittel betrifft, so sollte der Reisende die verschiedenen Möglichkeiten kombinieren und vor allem nicht versäumen, die angegebenen guten Straßen zu benutzen, sei es mit einem Leihwagen oder in einem der ausgezeichneten Überlandbusse, denn so kann man das Land natürlich viel besser kennenlernen, als wenn man es lediglich überfliegt.

Stadtführer durch Rio

Rio ist mit fünf Millionen Einwohnern eine der größten Städte der Erde geworden. Mit den Vororten innerhalb des Staates Rio de Janeiro beträgt die Einwohnerzahl sogar etwa neun Millionen. Bis zur Errichtung der neuen Hauptstadt Brasília war es das politische Zentrum Brasiliens. Rio ist außerdem einer der bedeutendsten Häfen der Welt.

Die Stadt, die im Jahre 1965 ihr 400jähriges Bestehen feierte, ist aus einer kleinen Siedlung an der Guanabara-Bucht hervorgegangen. Heute ist Rio eine der interessantesten und bezauberndsten Städte der Welt. Es liegt an einer vielfältig gegliederten, sehr schmalen Küstenebene, an der von tropischem Urwald bedeckte, häufig steilfelsige Gebirgsläufer bis dicht an den Rand des Meeres vorstoßen. Vor der Stadt liegen, inmitten des grünen Wassers der Bucht, zahlreiche kleine Inseln aus grau-braunem Gestein, überzogen mit dem Teppich einer üppigen Vegetation. Weiß leuchtet der Sand an den Stränden. Dahinter erhebt sich vor der gewaltigen Kulisse bizarrer Bergformen die klar gegliederte Front hypermoderner Wolkenkratzer. Dazwischen entdeckt man das Grün gepflegter Parkanlagen. Rio besitzt eine Lage von unvergleichlicher Schönheit, wo die verschiedenen landschaftlichen Elemente eine natürliche Harmonie bilden. Die Ankunft in Rio, sei es mit dem Schiff oder mit dem Flugzeug, wird immer ein unvergeßliches Erlebnis bleiben. Sehr lohnend ist eine Fahrt auf der 14 km langen Betonbrücke über die Guanabara-Bucht, von welcher man einen herrlichen Blick auf Rio und die gesamte Bucht hat.

Im Innern der Bucht verfügt die Stadt über ausgezeichnete Hafenanlagen von mehr als drei Kilometer Länge, an denen auch die größten Überseeschiffe anlegen können. Der Flughafen Santos Dumont befindet sich auf einem aufgeschütteten Gelände unmittelbar neben dem Stadtzentrum, der große internationale Flughafen Galeão, der auch von Überschall-Flugzeugen benutzt werden kann, auf einer Insel in der Bucht, im Norden von Rio. Zwischen den beiden Flughäfen ist ein Buspendelverkehr halbstündlich eingerichtet.

Stadtrundfahrt mit Blick vom Zuckerhut und Besuch des Botanischen Gartens

Reisenden, die sich nur kurze Zeit in Rio aufhalten können, aber in ein paar Stunden wenigstens ein wenig von der typischen Atmosphäre dieser „Cidade Maravilhosa", dieser „wunderbaren Stadt", mitbekommen wollen, ist die folgende Rundfahrt zu empfehlen, für die etwa vier bis fünf Stunden zu veranschlagen sind.

Ausgangspunkt ist die **Praça Mauá,** die sich unmittelbar an den Quai anschließt, an dem die großen Passagierdampfer anlegen. Man nimmt ein Taxi oder einen Bus, der zum Zuckerhut (Pão de Açúcar) hinausführt. Zunächst durchfährt man die **Avenida Rio Branco,** die einstige Prachtstraße und Hauptverkehrsader Rios. Sie ist fünfzig Meter breit und nahezu zwei Kilometer lang. Man bemerkt die monumentalen Gebäude der großen Reedereien und Banken. An der Kreuzung mit der noch gewaltigeren **Avenida Presidente Vargas** steht die Kathedrale von Rio mitten unter den Wolkenkratzern. Im weiteren Verlauf der Fahrt kommt man an großen Geschäften, Hotels und Cafés vorbei. Rechts sieht man das **Museum für die Kunst der Kolonialzeit.** Auf der linken Seite folgen der exklusive Jockey-Club, die **Kunstakademie** und die **Nationalbibliothek,** und rechts das **Stadttheater.** Jetzt erweitert sich die Avenida zur **Praça Marechal Floriano,** an der sich außer dem Gebäude der Stadtverwaltung und dem **Palácio Monroe** noch einige größere Kinos befinden.

Inzwischen ist man schon an die **Avenida Beira-Mar** gelangt, die an den Stränden der **Guanabara-Bucht** entlangführt. Auf der fast vier Kilometer langen, mit Grünanlagen und Denkmälern ausgestatteten Strecke liegen die **Strandplätze Lapa, Gloria, Russel** und **Flamengo.** Rechts sieht man den **Palácio do Catete.** Nachdem der Morro da Viuva links liegen gelassen wurde, fährt man an dem schönen, mehr als einen Kilometer langen **Strand Botafogo** entlang, einem Treffpunkt der Segelboote. Über die sich anschließende **Avenida Pasteur** fährt man um den Zuckerhut herum zur **Praia Vermelha,** dem kleinsten Strand Rios, der in einer winzigen Bucht zwischen steil aufragenden Felsen liegt. Hier entläßt man das Taxi und begibt sich zur Station der Drahtseilbahn, die den Reisenden in einer Viertelstunde zum Gipfel des rund 400 m hohen Zuckerhuts hinaufbringt. Auf halber Höhe muß man umsteigen. Von oben genießt man einen entzückenden Ausblick. Nachdem man wieder unten angelangt ist, nimmt man erneut ein Taxi, das auf der **Avenida Pasteur** mit ihren medizinischen Instituten zurückfährt, dann links einbiegt und nach Durchfahren eines Tunnels zur **Avenida Atlántica** kommt. Jetzt ist man in **Copacabana.** Hier ist der berühmte Strand, hier sind die blendenden Hochhäuser der Luxushotels, die feinen Restaurants, die eleganten Nachtlokale, die

Revue-Theater und Cabarets und viele teure Bars. Der Stadtteil Copacabana allein hat mehr als 300 000 Einwohner. An der sechs Kilometer langen **Avenida Atlântica** befindet sich die größte Wolkenkratzer-Ansammlung von Rio. Man sieht luxuriöse Appartement-Hochhäuser, Supermärkte, Banken und Kinos. Dahinter liegen die reichen alten Häuser einer früheren Zeit.

Nachdem man ein größeres Stück am Strand, der übrigens künstlich erweitert worden ist, entlanggeschlendert ist und das Fluidum dieser bezaubernden, beschwingten Umgebung in sich aufgenommen hat, nimmt man ein neues Taxi und läßt sich durch die anschließenden **Stadtteile Ipanema** und **Leblon** fahren, wobei man vielleicht noch einige kurze Abstecher zu den Stränden einlegt. Die ganze Atmosphäre wirkt hier ruhiger und beschaulicher. Am Ende des Strandes, vor einem gewaltigen Felsen, biegt man nach rechts in die **Avenida Visconde de Albuquerque** ein und gelangt schnell zu dem am Fuße eines größeren Berges, des **Corcovado,** angelegten wunderschönen **Botanischen Garten.** Er ist täglich von 8—17 Uhr geöffnet. Gleich beim Betreten des Parkes ist man von einer riesigen Königspalmen-Allee beeindruckt. In den verschiedenen Abteilungen der Anlage findet man eine ungeheure Anzahl tropischer Gewächse. Insgesamt sollen mehr als fünftausend verschiedene Pflanzengattungen vertreten sein. In den Gewächshäusern kann man unter anderen die herrlichsten Orchideen bewundern. Als besondere Sehenswürdigkeit gilt die Victoria Regia, die aus dem Amazonasgebiet stammende größte Wasserrose der Welt.

Nach dem Verlassen des Botanischen Gartens kann man noch, wenn die Zeit reicht, von der **Avenida Epitásio Pessoa** bis zur Rua Abelardo Lobo weiterwandern. Hier stehen viele alte Paläste aus der Kaiserzeit, darunter auch das **Haus von Rui Barbosa,** das in ein Museum zum Gedenken dieses berühmten Politikers umgewandelt worden ist.

Mit einem weiteren Taxi oder einem Bus gelangt man nach Botafogo zurück und kann von hier über die Avenida Beira-Mar wieder zum Ausgangspunkt der Exkursion zurückkehren.

Ausflug zum Corcovado

Außer der soeben beschriebenen großen Stadtrundfahrt sollte jeder, der über ein wenig mehr Zeit verfügt, auch einen Ausflug auf den Corcovado, den mit rd. 700 m höchsten Berg Rios, machen. Dazu benötigt man zwei bis drei Stunden. Man nimmt sich wiederum ein Taxi und fährt über die **Stadtteile Lapa, Gloria, Catete** und **Larangeiras.** Um einen typischen Einblick in das Rio vergangener Zeiten zu gewinnen, sollte man in der **Rua das Larangeiras** einen Augenblick verweilen, um sich einen kleinen beschaulichen Platz, den **Largo do Boticário** anzusehen. Er ist umrahmt von altertümlichen Häusern mit vorspringender Fassade und hat außerdem noch einen alten Brunnen und riesige schattige Bäume aufzuweisen. In der sich anschließenden **Rua Cosme Velho** sind noch einige von Parks umgebene alte Patrizierhäuser zu sehen. Gleich darauf steht man vor der Station der Bergbahn. Diese Zahnradbahn führt über eine Strecke von vier Kilometer Länge zum 704 m hohen Gipfel. Oben steht die **Kolossalstatue des Cristo Redentor,** das Wahrzeichen Rios. Die Figur ist 30 m groß, die Spannweite der ausgebreiteten Arme beträgt 28 m. Bei Dunkelheit wird das Standbild angestrahlt und wirkt dann außerordentlich imposant.

Schon von der Bergbahn aus hat man wundervolle Ausblicke. Oben angekommen, gewinnt man einen umfassenden Überblick über die älteren und neueren Stadtteile, die dicht bewaldeten Berge und steilen Felsen, den direkt unterhalb liegenden See, den hoch aufragenden Zuckerhut und die vielen Strände, die Guanabara-Bucht mit den vielen Inseln und dem gegenüberliegenden Ufer von Niteroi und schließlich das blau glitzernde offene Meer. Die Sicht ist von hier wegen der größeren Höhe noch beeindruckender als vom Zuckerhut.

Die Rückfahrt kann man so einrichten, daß man schon in der Station Silvestre die Bergbahn verläßt und mit der interessanten, altertümlichen Straßenbahn durch den beschaulichen und gepflegten **Stadtteil Santa Teresa,** über einen aus der Kolonialzeit stammenden Viadukt und unterhalb des **Morro Santo Antônio** bis zum **Largo da Carioca** in der Innenstadt zurückfährt. Hier ist auch die neue Kathedrale von Rio zu sehen.

Sehenswertes in der Innenstadt

Die Innenstadt von Rio wird durch die **Avenida Rio Branco** in zwei Hälften zerteilt. Zu ihr wird der Tourist, der die Innenstadt zu Fuß kennenlernen will, immer wieder zurückkehren. Alte Geschäftsstraßen sind die **Rua do Ouvidor** und die **Rua Gonçalves Dias.** In den Nachmittagsstunden wimmelt es in diesen beiden für den Autoverkehr gesperrten, ziemlich engen Straßen von Menschen, die herumstehen, sich unterhalten, irgendwelche Geschäfte abschließen oder auf Bekannte warten. Zwischen der Esplanada do Castelo und der Praça Marechal Floriano erblickt man einige der bedeutendsten modernen Bauten. Berühmt sind die Hochhäuser des Bundeserziehungsministeriums und des Brasilianischen Presseverbandes.

Auf einem Hügel, dem **Morro Santo Antônio,** liegt inmitten der modernen und sich immer mehr modernisierenden Innenstadt und in einem scharfen Kontrast zu den luxuriösen Hochhäusern und Villenvierteln der Reichen eine **Favela.** Unter einer Favela versteht man eine Ansammlung ärmlicher Hütten, die aus Blech, alten

Kisten und Erde zusammengeflickt wurden. Die Favelas liegen zumeist an steilen Abhängen. Hier gibt es weder Wasserleitung noch Kanalisation und auch keine Elektrizität. Die Pfade zwischen den Hütten verwandeln sich bei Regen in schlammige Bäche. Es gibt in Rio rund 60 solcher Elendsviertel mit zusammen etwa 90 000 Behausungen, in denen mehr als eine Million Menschen leben. Obwohl viele dieser Elendsviertel abgerissen und die Bewohner in andere Stadtteile umgesiedelt wurden, sind an anderer Stelle neue Favelas entstanden. Die Bewohner sind zumeist Frauen und Kinder. Vielfach handelt es sich um Leute, die aus dem Landesinnern oder dem Nordosten nach Rio gekommen sind, angezogen von der Großstadt und in der Hoffnung auf ein besseres und interessantes Leben. Es ist nicht ratsam, als Fremder allein oder gar am späten Abend die Favelas zu besuchen.

Die **Praça Tiradentes** und der **Largo da Carioca** sind zwei der populärsten Plätze von Rio. Hier sind immer viele Menschen anzutreffen. Man erblickt Kinos, Theater und Cafés. Nördlich davon kommt man zur **Avenida Presidente Vargas.** Sie ist mit einer Breite von neunzig Metern und einer Länge, die inzwischen vier Kilometer überschritten hat, noch bedeutend größer und gewaltiger als die ältere Rio Branco. Hier stehen lange Reihen von Wolkenkratzern. Wenn man dieser Avenida ein Stück folgt, kommt man an einigen Ministerien und der Städtischen Bibliothek vorbei. Dann erblickt man links die **Praça da Republica** und den **Parque Júlio Furtado** und rechts den **Bahnhof „Dom Pedro II"** der „Zentralbahn".

Über die Avenida Presidente Vargas gelangt man auch zum ehemaligen kaiserlichen Park **„Quinta da Boa Vista".** Im Palais, der früheren Residenz, ist jetzt das Nationalmuseum untergebracht. In einem Teil des Parks liegt ein schöner und reichhaltiger **Zoologischer Garten.**

Das Nachtleben in Rio

Wenn die Nacht sich auf Rio senkt, dann wird die tagsüber so geschäftige Innenstadt still und ziemlich leer. Dafür wird es in den verschiedenen Vergnügungsvierteln umso lebhafter. Rio hat ein sehr intensives Nachtleben. Das elegante und auch teure Vergnügungszentrum von Rio liegt in Copacabana. Hier wimmelt es geradezu von Bars und Nachlokalen, in denen man in Originalatmosphäre seinen Bossa Nova tanzen kann. Hier findet man auch vorzügliche Feinschmecker-Restaurants mit brasilianischen und internationalen Spezialitäten. Und von den etwa dreißig Theatern Rios stehen allein zehn hier in Copacabana. Die meisten bringen erotisch gewürzte Revuen und kabarettistische Darbietungen.

Der Karneval in Rio

Der Karneval von Rio ist weltberühmt, und jedes Jahr kommen die Besucher aus vielen Teilen Brasiliens und aus dem Ausland, um dieses einzigartige Schauspiel zu erleben. Zu den Elementen, die er mit dem rheinischen Karneval oder dem süddeutschen Fasching gemein hat, kommen hier noch indianische und vor allem starke afrikanische Einflüsse, die ihm sein besonderes Gepräge geben. Während der Karneval von Rio früher nur das billige Vergnügen der armen Bevölkerungsschichten, besonders der Neger war, bei dem das Herumspritzen von Wasser und anderen Flüssigkeiten eine Rolle spielte, ist er von der Jahrhundertwende an zu dem großen, phantastischen, überschäumenden Volksfest für arm und reich geworden, das er heute ist. Am großartigsten und ursprünglichsten ist dabei der Straßenkarneval mit seinen prachtvollen Umzügen, in denen die Neger dominieren. Die Avenidas der Innenstadt sind mit Girlanden, Säulen und Triumphbögen verziert. Konfetti regnet es auf die Straßen herab, während auf geschmückten Wagen übergroße karikaturistische Darstellungen vorbeigefahren werden und die Gruppen der Samba-Schulen vorüberziehen. Millionen mehr oder weniger kostümierte Zuschauer säumen dicht gedrängt die Straßen. Eine euphorische Stimmung hat alle erfaßt. Die Musikkapellen spielen unermüdlich ihre Sambas und Märsche. Die Samba-Tänzer in ihren prächtigen Kostümen, zum Teil die Mode früherer Epochen imitierend, manchmal auch wie Indianer geschmückt, sie alle geben sich den zündenden Rhythmen bis zur Ekstase hin. Wochenlang haben sie sich in ihren Samba-Schulen auf die große Schau dieser drei Tage und drei Nächte vorbereitet. Zwischen den verschiedenen Gruppen findet ein mit großer Leidenschaft ausgetragener Wettkampf im Tanzen, Singen und Musizieren statt. Die beste Gruppe wird von einem Schiedsgericht ermittelt und prämiiert.

Während die Armen, die das ganze Jahr für ein möglichst phantasievolles Kostüm sparen, ihr großes Fest auf den Straßen feiern, die sie an diesen Tagen ganz beherrschen dürfen, und während der sparsame Mittelstand sich im wesentlichen auf die Zuschauerrolle beschränkt, feiert die reiche Oberschicht ihren nicht weniger übermütigen Karneval in geschlossenen Veranstaltungen in ihren Clubs oder auf den berühmten Kostümbällen im Stadttheater.

Die wichtigsten Museen

1. Museum der Republik und der Folklore: Rua do Catete 153, geöffnet von 13—18 Uhr, außer montags. Möbel, Uniformen, Gemälde usw.

2. Museum der Schönen Künste: Avenida Rio Branco 199; geöffnet von 13—19 Uhr, außer montags. Gemälde und Skulpuren älterer brasilianischer und französischer Künstler.

3. National-Historisches Museum: Praça Marechal Âncora; geöffnet von 12—17 Uhr, außer montags. Alte Waffen, schmiedeeiserne Arbeiten, Möbel, Porzellan, Webereien, Holzschnitzereien, Fahnen, Münzen usw.

4. Nationalmuseum: Quinta da Boa Vista; geöffnet von 12 bis 17 Uhr, außer montags. Geologische, zoologische und ethnologische Sammlungen. Besonders interessant ist die Abteilung mit Werkzeugen und Waffen.

5. Museum der Modernen Kunst: Avenida Infante Dom Henrique (Flamengo), 12—18.30 Uhr. Skulpturen und Gemälde zeitgenössischer Künstler.

6. Indianermuseum: Rua Mata Machado 127 (Maracanã), montags bis freitags 11—17 Uhr.

Einige sehenswerte Kirchen

1. Candelária-Kirche: Kreuzung der Avenida Rio Branco mit der Avenida Presidente Vargas. Im wesentlichen in der zweiten Hälfte des 18. Jahrhunderts erbaut, weist das Gebäude eine bemerkenswerte Fassade auf.

2. Carmo-Kirche: Praça 15 de Novembro. Ein Barockbau aus der zweiten Hälfte des 18. Jahrhunderts, mit interessanter Innenausstattung.

3. Kloster São Bento: Ladeira São Bento. Die im 17. Jahrhundert erbaute Klosterkirche zeigt einen besonders reinen Kolonialstil. Das äußerlich streng wirkende Gebäude ist im Innern reich verziert.

Nützliche Adressen in Rio de Janeiro

1. **Verkehrsbüro:** Rua México 104, Tel. 2228347
2. **Touring-Club von Brasilien:** Praça Mauá, Tel. 2231660
3. **Automobil-Club von Brasilien:** Rua do Passeio 90, Tel. 2524055
4. **Post- und Telegrafenamt:** Rua 1 de Maio 64
5. **Fremdenpolizei:** Praça Marechal Âncora, Tel. 2222300
6. **Radio-Patrouille der Polizei:** Tel. 2342020
7. **Ambulanz:** Praça da República 111, Tel. 2222121
8. **Busbahnhöfe:** „Novo Rio", Avenida Francisco Bicalho, Tel. 2238566
   „Mariano Procópio", Praça Mauá, Tel. 2239113

9. **Bahnhöfe:** „Dom Pedro II", Praça Cristiano Otoni, Tel. 3433360
„Barão de Mauá", Avenida Francisco Bicalho, Tel. 2481488
10. **Deutsch-Brasilianische Industrie- und Handelskammer:** Avenida Rio Branco 123, 7. Etage, Caixa Postal 1790, Tel. 2311738
11. **Fluggesellschaften:**
    Cruzeiro do Sul, Avenida Rio Branco 128, Tel. 2225010
    VASP, Rua Santa Luzia 735, Tel. 2244427
    VARIG, Avenida Rio Branco 277, Tel. 2324300
    Lufthansa, Avenida Rio Branco 156, Tel. 2246647
    Swissair, Avenida Rio Branco 99, Tel. 2215377
12. **Schiffahrtsgesellschaft** Hamburg-Süd, Avenida Rio Branco 25, Tel. 2231865
13. **Restaurants** mit deutschen, österreichischen oder schweizerischen Spezialitäten:
    Casa Westfalia, Rua da Assembléia 73, Tel. 2420646
    Alpino, Avenida Epitácio Pessoa 40, Tel. 2471859
    Le Chalet Suisse, Rua Xavier da Silveira 112, Tel. 2553320
    Le Mazot, Rua Paula Freitas 31, Tel. 2550834
    Bar Luís, Rua da Carioca 39, Tel. 2222424
    Amigo Fritz, Rua Barão da Torre 472 (Ipanema)
    Lagoa, Avenida Epitácio Pessoa 1674, Tel. 2871135
    Bierklause, Rua Ronald de Carvalho 55, Tel. 2371521

Ausflüge in die Umgebung

Um Rio de Janeiro herum liegt eine so bezaubernde Landschaft, daß viele Touristen, nachdem sie die Stadt einigermaßen kennengelernt haben, Lust bekommen, einige kleinere Ausflüge in die nähere Umgebung zu machen. Die beliebtesten Ausflugsziele sind die folgenden:

1. In der **Guanabara-Bucht** liegt die entzückende kleine Insel Paquetá. Sie bietet schöne, von Palmen beschattete Strände und Parks mit alten Bäumen. Sie strahlt eine romantische Atmosphäre aus. Man fährt zur Insel mit einem Fährboot, das von der Praça 15 de Novembro abfährt.

2. Zum **Tijuca-Gipfel** (1020 m) kommt man über eine wundervoll angelegte, vielfach gewundene Straße, die durch einen langen und dichten Wald führt. Mit dem Omnibus kann man bis zum „Bom Retiro" fahren. Von hier aus erreicht man den Gipfel auf einem schmalen Pfad in einstündigem, unbeschwerlichem Aufstieg. Oben angekommen, genießt man ein überwältigendes Panorama.

3. Südlich von Leblon, hinter dem Gávea-Felsen, befinden sich die jüngsten Strandplätze Rios; sie ziehen sich noch über 30 km hin. Zuerst gelangt man über die Avenida Niemeyer an der zerklüfteten Küste entlang nach São Conrado (wo heute einige der

größten Hotels von Rio stehen) und dann zu den Stränden Barra da Tijúca, Recreio dos Banderantes, Prainha und Grumari. Man genießt die Schönheit der Landschaft und hat Gelegenheit zum Baden und Faulenzen.

4. Wenig mehr als eine Stunde benötigt man, um mit dem Wagen oder dem Omnibus in die „Stadt der Hortensien", **Petrópolis,** zu gelangen. Auf der ausgezeichneten Straße, die sich durch tropische Wälder hindurch an den Bergen emporwindet, hat man schöne Ausblicke über die Bucht und die Berglandschaft. Petrópolis, die Sommerresidenz des Kaisers Pedro II., liegt 800 m über dem Meeresspiegel. Es wurde einmal als deutsche Siedlung gegründet. Heute stehen hier, von riesigen Parks umgeben, die Villen der reichen „Cariocas" (Einwohner von Rio de Janeiro), die sich vor allem im Sommer vor dem feuchtheißen Klima hierher flüchten. Am Ortseingang steht das imposante Hotel Quintandinha. Im alten Kaiserlichen Palast wurde das „Imperiale Museum" eingerichtet, in dem die Atmosphäre der ehemaligen Residenz mit den ursprünglichen Möbeln und Gebrauchsgegenständen zu erhalten gesucht wird und wo man auch die Kaiserkrone und ähnliche Juwelen aufbewahrt.

Während die bisher vorgeschlagenen Ausflüge sehr gut innerhalb eines Tages durchgeführt werden können, benötigt man bei den nun folgenden Ausflugszielen mindestens zwei Tage, um sich nicht zu überanstrengen und die Fülle der Eindrücke wirklich voll aufnehmen zu können.

5. Von Petrópolis sind es noch 60 km nach der Stadt **Teresópolis,** die noch weiter ein in den Bergen liegt und ein noch besseres Klima besitzt. Zwischen den beiden Orten befindet sich der Naturpark „Serra dos Orgãos" mit einer Vielzahl von Pflanzen und Tieren, besonders Vögeln. Die Wege sind gut unterhalten. Der Wanderer kann in Rasthäusern einkehren, in denen es auch Übernachtungsmöglichkeiten gibt.

6. Ein anderer, noch bedeutender **Naturpark,** der von **Itatiaia,** liegt etwa genau zwischen den Städten Rio, São Paulo und Belo Horizonte. Er ist mit Bussen, mit der Eisenbahn und mit dem Flugzeug zu erreichen. In dieser herrlichen Gebirgslandschaft sind gute Bedingungen für das Gedeihen von Flora und Fauna gegeben. Besonders beeindruckend sind die „Agulhas Negras", hohe Gipfel, die nahe an dreitausend Meter heranreichen; sie zählen zu den höchsten Bergen Brasiliens. Man entdeckt eine Vielzahl von Blumen, die während der Blüte betörend duften. Vögel in leuchtendem Gefieder schwirren zwischen den tropischen Bäumen. In den Wäldern hausen Tapire, Hirsche, Wildschweine und Oncas (eine brasilianische Leopardenart). Kleine Bäche mit Wasserfällen durchziehen das Gebiet und hin und wieder trifft man auf einen See.

7. Eine beliebte Sommerfrische für die Großstadtmenschen aus Rio ist auch das noch einmal 90 km hinter Teresópolis gelegene **Nova Friburgo**, das man auch von Niteroi aus per Straße oder Eisenbahn erreichen kann. Von Deutsch-Schweizern gegründet, ist dieser in einem waldigen Tal der „Serra do Mar" angelegte Ort vor allem wegen seines hervorragenden Klimas geschätzt.

8. Rund 150 km nördl. von Rio liegt der berühmte Strandort **Cabo Frio** mit seinen schönen Dünen und seinen attraktiven Restaurants und Bars.

Stadtführer durch São Paulo

Mit mehr als acht Millionen Einwohnern (fast elf Millionen, wenn man die Vorstädte alle mitzählt) ist São Paulo die größte Stadt Brasiliens und zugleich das industrielle Herz des Landes. Um die Mitte des 16. Jahrhunderts von den Jesuiten gegründet, erlebte diese Stadt ungefähr dreihundert Jahre später einen gewaltigen wirtschaftlichen Aufstieg, der damals auf dem Kaffee-Anbau beruhte. Heute wird diese stürmische Entwicklung in verstärktem Maß fortgesetzt, aber heute sind es in erster Linie die vielen großen und kleinen Industrie-Unternehmen, die das Leben von São Paulo bestimmen. Am bekanntesten sind die chemischen und pharmazeutischen Fabriken und die Automobilwerke geworden. Hier werden unter anderem die brasilianischen Volkswagen gebaut und die Mercedes-Busse und -Lastwagen.

São Paulo ist eine Stadt der Arbeit und des Geldverdienens. Ganz verschieden in dieser Hinsicht von so vielen Teilen des übrigen Brasiliens findet man hier eine von Hast und Arbeitswut gepackte Stadt. In dieser supermodernen Stadt hat man nicht das Gefühl, in einem wirtschaftlich unterentwickelten Land zu sein.

São Paulo hat, 800 m hoch gelegen, ein angenehmes, gemäßigtes Klima, das für europäische Einwanderer gut geeignet ist. Die Stadt wächst rapide. Aus den ärmeren, zurückgebliebenen Teilen des Landes zieht sie Jahr für Jahr mehr als hunderttausend neue Bewohner an, Leute, die arbeiten wollen, um ein besseres Leben zu haben. Sie werden zum Teil in den industriellen Prozeß eingegliedert, zu Industriearbeitern umgeformt.

Aus der verhältnismäßig langen Geschichte der Stadt sind kaum irgendwelche Zeugen der Vergangenheit übriggeblieben. Im Zentrum, dem ältesten Teil von São Paulo, sind Hunderte von Wolkenkratzern in die Höhe geschossen. Sie haben das Bild der Stadt völlig verändert und bestimmen seinen heutigen Charakter.

Fehlt somit der Anlaß zu historischen Reminiszenzen, so hat das auf einer leicht gewellten Hochebene gelegene São Paulo auch landschaftlich nichts besonders Aufregendes zu bieten. Was frappiert, ist die moderne Stadt selber, die unaufhörlich wächst, in die Breite und in die Höhe.

Rundgang durch die Innenstadt

Der Stadtkern von São Paulo wird durch eine kleine Mulde gebildet, genannt **„Vale do Anhangabaú"**. Sie wird durchquert von der etwas in nord-südlicher Richtung verlaufenden prachtvollen Avenida Anhangabaú, die an verschiedenen Stellen von Viadukten überspannt wird. Östlich davon, an der **Praça do Patriarca** beginnt die höher gelegene geschäftige City, die durch das Straßendreieck der **Rua Direita**, der **Rua 15 de Novembro** und der **Rua São Bento** begrenzt wird. Hier ragen die großen Banken in die Höhe, allen voran die **„Staatsbank von São Paulo"** mit ihren 34 Stockwerken. Vom obersten Stock hat man einen hervorragenden Überblick über die ganze Stadt. Nördlich von hier befindet sich ein größerer Platz, der **Largo de São Bento,** und daneben das gleichnamige Kloster, das man vor 50 Jahren an der gleichen Stelle erbaute, an der die Jesuiten bei der Gründung von São Paulo ihre erste Kirche errichteten.

Östlich der City liegt die **Praça das Estrêlas,** an die sich der riesige **Parque Dom Pedro II** anschließt. Herrliche Palmengruppen, Rasenflächen und Teiche laden hier zu Spaziergängen ein.

Wenn man die Avenida Anhangabaú an der **Praça do Correio** überquert, kommt man direkt in die **Rua São João,** eine der schönsten und interessantesten Geschäftsstraßen der Stadt. Nach einem halben Kilometer schneidet man die **Avenida Ipiranga,** eine betont modern wirkende Straße mit Kaufhäusern, Hotels und Kinos. Wenn man hier nach links abbiegt, gelangt man sogleich an die **Praça da República,** die mit ihren Baumgruppen und Rasenflächen in Wirklichkeit ein Park ist. Nicht weit davon liegen das sehenswerte **Kunstmuseum** und die **Städtische Bibliothek.** Auch das **Stadttheater** ist in der Nähe. Außerhalb des Zentrums führen zwei Prachtstraßen durch elegante Wohnviertel: die nach Nordwesten verlaufende **Avenida Paulista** und die parallel dazu angelegte **Avenida do Brasil.** Hier kann man die Paläste der Geldaristokratie von São Paulo bewundern.

São Paulo hat eine moderne und leistungsfähige Untergrundbahn, die bis 1980 eine Länge von 36 km erreichen soll.

Museen und andere Sehenswürdigkeiten

1. **Kunstmuseum:** Avenida Paulista 1578, geöffnet von 14 bis 18 Uhr, außer montags, Gemälde internationaler, klassischer und moderner Künstler.

2. Staatliche Pinakothek: Praça da Luz; geöffnet von 14 bis 18 Uhr, montags und dienstags geschlossen. Bilder und Skulpturen.

3. Paulista-Museum: Avenida Pedro I (Ipiranga); geöffnet von 12 bis 17.30 Uhr, außer montags. Historische Erinnerungsstücke, darunter Erinnerungen an die ersten Luftschiffe von Santos Dumont; Gemälde von Almeida Júnior.

4. Museum der modernen Kunst: Ibirapuera-Park, 14—18 Uhr, außer montags.

5. Staatliche Orchideenzucht: Parque do Estado. Wilde und gezüchtete Orchideen.

6. Butantã-Institut mit Schlangen-Museum: Im Vorort Pinheiros, 12 km vom Zentrum entfernt; geöffnet von 8 bis 17 Uhr. Schlangengehege, Giftentnahme; 10 000 in Spiritus konservierte Schlangen.

Nützliche Adressen in São Paulo

1. Busbahnhof: Praça Júlio Prestes, Tel. 2209026

2. Eisenbahnverbindungen:
nach Rio de Janeiro und Minas Gerais: Bahnhof „Roosevelt", Tel. 2925462;
nach Mato Grosso und in die Südstaaten: Bahnhof „Júlio Prestes", Tel. 2204837;
nach Santos: Bahnhof „Luz", Tel. 2272228

3. Fluggesellschaften:
Cruzeiro do Sul, Avenida São Luis 153, Tel. 2671211
VARIG, Avenida São Luís 250, Tel. 2574411
VASP, Avenida São Luís 91, Tel. 2336619
Lufthansa, Avenida São Luís 59, Tel. 2569833
Swissair, Avenida São Luís 153, Tel. 2347121

4. Deutsche Überseeische Bank (Banco Alemão Transatlantico): Rua 15 de Novembro 137, Tel. 2370191

5. Deutscher Hilfsverein: Rua Maria Antonia 113

6. Hans-Staden-Institut: Rua Conselheiro Crispiniano 53

7. Deutsch-Brasilianische Industrie- und Handelskammer: Avenida Paulista 2073, Caixa Postal 30426, Tel. 2877439

8. Ambulanz: Instituto Paulista de Pronto Socorro, Rua Itapeva 636, Tel. 2320099

9. Restaurants mit deutschen, österreichischen oder schweizerischen Spezialitäten:
Zillertal, Avenida Brigadeiro Luiz Antônio 909, Tel. 2376772
Chamonix, Rua Pamplona 1446, Tel. 2879818
Regência, Rua Augusta 954, Tel. 2565486

Chalé Suiço, Rua Líbero Badaró 190, Tel. 2393277
Bierhalle, Avenida Lavandisca 263 (Moema), Tel. 2402260
Biergarten, Avenida Ibirapuera 2291 (Moema), Tel. 2400885
Koebes, Avenida Santo Amaro 5394, Tel. 2614169

Ausflüge in die Umgebung

1. Beliebte Ausflugsziele sind die leicht zu erreichenden, südlich der Stadt gelegenen **Stauseen von Santo Amaro.** Die Ortschaften **Interlagos, Eldorado** und **Estoril** verfügen über nette Restaurants und bieten an ihren Seeufern Gelegenheit zum Angeln und Rudern, zu Spaziergängen und zum Reiten.

2. Unweit von São Paulo liegt in der **Serra da Cantereira,** in einer Höhe von 750 bis 1200 m über dem Meeresspiegel, ein riesiger Botanischer Garten. Er enthält alle Baumarten Brasiliens.

3. Nur 70 km südlich von São Paulo liegt die wichtige Hafenstadt **Santos,** vor allem bekannt als Kaffee-Exporthafen. Er ist mit São Paulo durch eine Eisenbahnlinie und durch die kunstvoll angelegte Autobahn „Via Anchieta" verbunden. In schnellen und komfortablen Omnibussen fährt man zunächst auf dem Planalto, der Hochebene, wobei die gewaltigen modernen Fabrikanlagen in den südlichen Vororten von São Paulo auffallen, darunter auch das VW-Werk von São Bernardo. Beim Abfall durch die mit tropischer Vegetation überzogene **Serra do Mar** weist die Autobahn, deren beide Fahrbahnen sich streckenweise trennen, ein starkes Gefälle und erregende Kurven auf, nach denen sich das Landschaftsbild oft vollkommen ändert. Das letzte Stück der Straße durchquert eine zwischen der Serra und dem Meer gelegene Ebene. Dann ist man in **Santos.**

Die berühmte Kaffee-Börse befindet sich in der Rua 15 de Novembro. Nachdem man sich das geschäftige Treiben in der durch die Handelshäuser, Schiffahrtsagenturen und Banken geprägten Innenstadt angesehen hat, kann man den inmitten der Stadt gelegenen Hügel **Monte Serrat** besteigen. Von da hat man einen guten Blick auf die Stadt, den Hafen und die ganze Umgebung. Die Hafenanlagen sind gewaltig und immer herrscht großer Betrieb; Schiffe aus aller Herren Länder haben angelegt und mächtige Kräne verladen die schweren Lasten.

Neben dieser Stadt der Arbeit, des Hafens und des Handels gibt es aber noch ein anderes Santos: einen Badeort mit riesigen Stränden, Hotels und Nachtlokalen, eine Stadt der Erholung und des Vergnügens. Vor einer Front eleganter Hochhäuser liegen die gepflegten **Strandplätze von José Menino, Gonzaga** und **Boqueirão.** An sie schließen sich die schönen **Strände von São Vincente** an. Auf der **Insel Santo Amaro,** die inmitten der flachen Bucht liegt, ist der Hauptanziehungspunkt der an der Ozeanseite gelegene **Strand Guarujá,** der bevorzugte Badeort der Paulistaner, die ihn „die Perle der Badeorte Brasiliens" nennen. An der Nordspitze dieser Insel steht die **Festung Bertioga.** Mit einem kleinen Dampfer kann man eine Reihe einladender Inseln und Strandbäder besuchen.

4. Als Ausflugsort sehr berühmt ist der hochgelegene Luftkurort **Campos do Jordão,** 185 km von São Paulo. Neben einem angenehmen Klima und guten Hotels gibt es hier eine anheimelnde Landschaft mit Wasserfällen und Höhlen.

Das Barockgebiet von Minas Gerais

Ausgangspunkt für eine Reise in das Zentrum der brasilianischen Barock-Kultur im Staat Minas Gerais ist **Belo Horizonte,** die Hauptstadt dieses reichen, sowohl landwirtschaftlich wie auch industriell bedeutenden Staates. Diese 850 m hoch gelegene Stadt mit einem vorzüglichen Klima wurde erst um die Jahrhundertwende gegründet, in einer Gegend, die vordem nichts als Weideland war. Heute hat Belo Horizonte etwa 1,6 Millionen Einwohner. Es ist das kommerzielle Zentrum des großen Bergbaugebietes und ist eine blühende Industriestadt geworden. Vor allem die eisenverarbeitende Industrie findet sich hier. Eine der wichtigsten Fabriken ist das große Zweigwerk von Mannesmann.

Neben wenig stilvollen Gebäuden, die aus der Gründerzeit stammen, sieht man in der nach einem einheitlichen Plan angelegten Stadt die gelungenen Hochhäuser der modernen brasilianischen Architekten. Besonders in dem etwa 12 km vom Zentrum entfernten Vorort **Pampulha** sind das Kasino, der Jacht-Club sowie die berühmte São Francisco-Kirche von Niemeyer, mit der inneren Ausgestaltung durch Portinari, hervorragende Beispiele bester brasilianischer Baukunst. Der See und der Park von Pampulha sind für die meisten Besucher die Hauptsehenswürdigkeit von **Belo Horizonte.**

Nur 25 km von Belo Horizonte entfernt liegt das kleine Städtchen **Sabará,** wo man, zwischen engen und gewundenen Straßen herumgehend, die alten Häuser und einige interessante Kirchen besichtigen kann. Eine besondere Attraktion ist das Goldmuseum, in dem man die Entwicklung des Goldbergbaues in Minas Gerais dargestellt bekommt. Im ersten Stock ist alles noch so eingerichtet, wie es im 18. Jahrhundert war, als das im Kolonialstil erbaute Haus Sitz der Verwaltung von Sabará war.

80 km sind es von Belo Horizonte zu dem an der Bahnlinie nach Rio gelegenen Wallfahrtsort **Congonhas do Campo,** der jährlich im September große Mengen von Gläubigen aus allen Gegenden Brasiliens anzieht. Sie alle pilgern zur Basílica do Bom Jesus de Matosinhos. Die um die Mitte des 18. Jahrhunderts erbaute Kirche, ein ziemlich schlichter Barockbau, steht auf einer Anhöhe, von der aus man die Stadt überblickt. Vor der Kirche stehen die in

Saponit gehauenen Statuen der zwölf Propheten, ein Meisterwerk des Bildhauers Antônio Francisco Lisboa, imposant und von erstaunlicher Ausdruckskraft. Sein Schöpfer, der größte Meister des brasilianischen Barock, war eine der bewundernswertesten Figuren in der Kunstgeschichte. Der Sohn eines Kirchenbaumeisters und einer Negersklavin wurde im Alter leprakrank und verlor Finger und Zehen. Er konnte sich nur auf den Knien rutschend fortbewegen; an den unbrauchbar gewordenen Händen ließ er sich eine Vorrichtung befestigen, die es ihm gestattet, sein Werkzeug zu halten. Unter diesen Bedingungen hat er einige der schönsten seiner Werke geschaffen. Wegen seines entsetzlichen Zustands nannten ihn die Leute bewundernd „Aleijadinho", das „Krüppelchen".

Die faszinierendste Stadt für den Touristen ist zweifellos **Ouro Preto,** die ehemalige Hauptstadt von Minas Gerais. Ouro Preto liegt, 100 km von Belo Horizonte entfernt, am Hang eines zerklüfteten Berges. Es verdankt seine Entstehung den Goldfunden der „Bandeirantes". Unter dem Einfluß der Jesuiten erlebte es eine künstlerische Blüte sondergleichen. Das Städtchen steht unter Denkmalschutz. Es hat sich in den letzten hundert Jahren kaum mehr verändert. An den steilen Straßen stehen die sauberen Häuser im Kolonialstil. Die Wohnsitze der reichen Bürger zeigen schöne Fassaden und vielfältig gestaltete schmiedeeiserne Balkons. Über die verschiedenen Bäche schwingen sich romantische alte Brücken. Unter den zahlreichen Gotteshäusern sind die interessantesten die Kirche „Nossa Senhora do Carmo" und die Kirche „São Francisco de Assis". In beiden finden sich Werke des genialen „Alejadinho". Aber auch in anderen Kirchen und Kapellen wird der Besucher vieles finden, was seine Bewunderung erregt. Sehr sehenswert ist auch das Museum der Inconfidência, das jenem ersten, gescheiterten Aufstand gegen die Portugiesen gewidmet ist. Joaquim José da Silva Xavier, von Beruf Zahnarzt und deshalb auch „Tiradentes" genannt, verschwor sich mit Gleichgesinnten, mit dem Ziel, die Unabhängigkeit Brasiliens zu erkämpfen. Tiradentes war ein Bürger von Ouro Preto. Im Museum, in dem auch in einem Mausoleum die sterbliche Hülle des Freiheitskämpfers ruht, sind historische Dokumente aufbewahrt, ferner sakrale Kunstwerke, alte Möbel usw. Ein besonderer Saal ist dem „Aleijadinho" gewidmet.

Nur 12 km von Ouro Preto entfernt liegt die gleichfalls unter Denkmalschutz gestellte **Stadt Mariana.** Auch hier findet man altertümliche Gassen und Häuser sowie schöne Kirchen und Klöster aus der Barockzeit. In der weiteren Umgebung von Belo Horizonte befinden sich einige berühmte Badeorte (Caxambu, Lambari, São Lourenço, Cambuquirá). Interessant sind auch die prähistorischen Höhlen nördlich von Belo Horizonte (Lapinha, Maquiné).

São Francisco de Assis in Ouro Preto →

Stadtführer durch Brasília

Im Zentrum des riesigen Landes, auf der 1100 km hohen Hochebene von Goiás mit ihrem günstigen trockenen Klima, wurden in den Jahren von 1957 bis 1960 die wichtigsten Anlagen einer neuen Hauptstadt errichtet. 1960 wurde Brasília offiziell als die Hauptstadt Brasiliens eingeweiht.

Die Idee, das politische Zentrum des Landes ins Innere zu verlegen, um damit die Entwicklung der küstenfernen Teile Brasiliens voranzutreiben, stammt schon aus den Tagen der Monarchie. Bei Errichtung der Republik wurde sie sogar in die Verfassung aufgenommen. Verschiedene Expeditionen wurden ausgesandt, um den günstigsten Standort ausfindig zu machen. Der Bundesdistrikt wurde abgegrenzt. 1922 wurde ein symbolischer Grundstein gelegt. Aber erst Präsident Kubitschek erfüllte diese Forderung der Verfassung und ließ damit den alten Traum Wirklichkeit werden. In dem völlig unerschlossenen Ödland gab es weder Straße noch Eisenbahn. Das erste, was gebaut wurde, war der Flugplatz, auf dem die Flugzeuge zunächst alles heranschleppten, was überhaupt gebraucht wurde. Selbst das Baumaterial wurde in den ersten Tagen auf dem Luftweg befördert. Hier sollte die modernste Stadt der Welt entstehen, eine Stadt, bei deren Bau nichts dem Zufall überlassen blieb. Die städtebauliche Grundkonzeption stammt von dem berühmten Architekten Lúcio Costa: ein Kreuz, dessen Querachse v-förmig umgebogen ist. Den Schnittpunkt der beiden Achsen bildet ein System von Über- und Unterführungen. Auf diese Weise werden Straßenkreuzungen vermieden. Die ganze Stadtanlage wird auf drei Seiten von einem künstlichen See umgeben, der durch das Aufstauen verschiedener Flüsse entsteht. Direkt am Ufer dieses Sees und weit abseits vom Stadtkern steht der **Palácio da Alvorada,** der „Palast der Morgenröte". Er ist die Residenz des Präsidenten der Republik. Das langgestreckte Gebäude, dessen Dach auf Dreiecksäulen ruht, stammt wie alle wichtigen öffentlichen Bauten der neuen Hauptstadt von dem bekanntesten aller modernen Architekten Brasiliens, Oscar Niemeyer. An den Palast schließt sich eine kleine runde Kapelle an. Die Innendekoration des Palastes stammt zum Teil von Cândido Portinari.

Am imposantesten in dieser architektonischen Musterstadt ist wohl die **Praça dos Tres Poderes,** der „Platz der Drei Gewalten". Hier stehen die Gebäude der **Regierung** („Palácio do Planalto") und des Obersten **Bundesgerichts,** sich ähnelnde flache Konstruktionen mit rhombenförmigen Säulen. Auffälliger noch ist das Gebäude

← Prophet Hesekiel in Congonhas do Campo, Statue von Aleijadinho

des **Nationalen Kongresses.** Die beiden Teile des durch eine riesige Plattform überdeckten Gebäudes beherbergen den durch eine Kuppel gekennzeichneten Senat und das Abgeordnetenhaus, aus dem eine ebenso riesige Schale herausragt. Davor erheben sich die beiden 28 Stockwerke hohen Verwaltungsgebäude des Parlaments mit den Büros der Parlamentarier. In der Mitte des Platzes steht ein fensterloser Klotz, der ein Archiv beherbergt. Ein kleiner künstlich angelegter Teich erhöht die klarlinige Schönheit dieses Platzes. Die meisten der öffentlichen Gebäude können besichtigt werden.

Nach Westen führt die monumentale **Esplanada dos Ministérios.** Hier liegen die zehnstöckigen Blöcke der verschiedenen Ministerien. Dahinter erhebt sich die supermoderne Kathedrale. Daran schließt sich das Kulturzentrum an, mit Bibliotheken und Museen. Weiter nördlich befindet sich die Universität. Viele Besucher finden Brasília etwas beklemmend und eintönig. An der großen, zurückgebogenen Querachse stehen links und rechts die schönen modernen Wohnblöcke. Das Zentrum von Brasília beherbergt 300 000 Einwohner. Aber in den verschiedenen Satellitenstädten wohnen, oft in improvisierten Siedlungen, weitere 400 000 Menschen.

Brasília ist noch immer eine unfertige Stadt. Aber sie wächst weiter. Allmählich wird sie alle die Einrichtungen haben, die eine große Stadt benötigt und die in der Stadtplanung schon alle vorgesehen waren. Freilich, das gewaltige Baufieber, das die ersten drei Jahre ihres Baues gekennzeichnet hat, wird sie wohl nicht wieder erleben. Andererseits sind Motorisierungsdichte und Umweltverschmutzung zu ernsten Problemen für die Stadt geworden; Abhilfe ist erforderlich.

Brasília kann man nur mit dem Auto kennenlernen. Dieser Typ von Stadt eignet sich nicht zu einem Bummel.

Zu empfehlen wäre noch ein Ausflug nach Aruanã und dann mit dem Boot den Araguaia hinauf. Die Attraktion dabei ist die noch unverdorbene Landschaft.

Der Amazonas

Nach einer Flugreise über dichte tropische Wälder und hell glitzernde breite Flüsse kommt man in die sagenhafte Stadt Manaus. Sie liegt am unteren Rio Negro, 15 km vor dessen Einmündung in den Amazonas-Strom. Die Stadt entwickelte sich aus einem bereits in der zweiten Hälfte des 17. Jahrhunderts angelegten Fort. Ihre große Blüte aber erlebte sie zu Beginn unseres Jahrhunderts, als das Amazonas-Becken noch das einzige Gebiet der Welt war, in dem es Rohkautschuk gab. Dieser war damals sehr gefragt, denn vor allem die gerade aufkommende Automobilindustrie benötigte das Gummi für die Herstellung von Fahrzeugreifen.

In Manaus wurde viel Geld gemacht. Hier wurde der teure Stoff umgeschlagen, den die Seringueiros, die Gummisammler, aus dem gefährlichen Urwald mitbrachten. Zu jener Zeit zählte die Stadt fast ebenso viele Einwohner wie heute. Es war immerhin eine Großstadt von 200 000 Einwohnern, mitten im Urwald, nur durch den Amazonas mit der Zivilisation verbunden. Man erbaute ein großes, prächtiges Theater, in dem die berühmtesten Künstler der Zeit auftraten, darunter Enrico Caruso und Sarah Bernhardt. Dann passierte es eines Tages, daß ein Engländer den Gummibaum außer Landes schmuggelte und es damit ermöglichte, ihn auch in den britischen Besitzungen in Hinterindien anzubauen. Das Monopol der Brasilianer wurde gebrochen und der Niedergang von Manaus setzte ein. Dort, in Hinterindien, konnte man den Gummibaum in großen Plantagen anbauen. Hier, im Amazonas-Gebiet, gelang das nie. Später wurde dann auch noch der künstliche Kautschuk erfunden, der auf synthetischem Weg hergestellt wird. Heute spielt der Naturkautschuk, der Latex, für die brasilianische Wirtschaft eine völlig untergeordnete Rolle. Heute ist der Umschlag des Gummis und der anderen Urwaldprodukte selbst in Manaus von geringer Bedeutung. Man hat eine große Raffinerie gebaut, die peruanisches Rohöl verarbeitet, und dann gibt es noch eine moderne Jute-Spinnerei. Manaus ist Freihafen, in welchem zollfrei ausländische Waren gekauft werden können. Die Stadt Manaus selbst ist nicht übermäßig interessant. Man erlebt das feucht-heiße Klima der Äquatorgegend. In den ärmeren Vierteln sieht man Pfahlbauten und auf Flöße gesetzte Hütten, die sich in der Regenzeit mit dem Wasserstand heben und senken. Der Besucher sollte nicht versäumen, den interessanten **Markt** zu besuchen und in einem der vielen Fisch-Restaurants den wohlschmeckenden Piracucu zu versuchen. Im **Aviaquário** gibt es großartige Vogel- und Schmetterlingssammlungen zu besichtigen. Reizvoll ist die Fahrt mit dem Motorboot **auf dem Rio Negro** oder einem seiner Nebenflüsse. Passionierte Jäger finden Gelegenheit zu Jagden auf Krokodile, Affen und viele andere Urwaldtiere. Hotels und Reisebüros organisieren regelmäßig Ausflüge zum Jagen und Fischen. Die Touristen werden von erfahrenen Führern begleitet.

Aber, um die gewaltige und fremdartige Welt des Amazonas-Gebietes wirklich kennenzulernen, genügt nicht der Besuch der doch sehr zivilisierten Stadt Manaus. Man sollte sich schon ein wenig Zeit lassen und auf einem der Flußschiffe den Amazonas hinunterfahren bis nach Belém an der Atlantikküste. Das sind fast 2000 km, eine Flußreise von mindestens vier Tagen. Die Fahrt lohnt sich, sie ist ein bleibendes Erlebnis. Dichte Wälder ziehen sich zu beiden Seiten des großen Flusses hin. Dann kommt man an den kleinen **Hafenort Itacoatiara,** noch vor der Einmündung des **Rio Madeira.** Hier wohnen Indianermischlinge, freundliche Menschen. Später taucht die Ortschaft Parintins auf, und noch einige Orte ziehen vorbei, alles einfache Urwaldsiedlungen, deren Bewohner in kleinen Booten auf Fischfang ausziehen oder Urwaldfrüchte sammeln, wie den berühmten Guaraná, aus dem ein köstliches, erfrischendes Getränk hergestellt wird. Am **Rio Tapajós** liegt **Santarém,** früher ein kleines Städtchen, das ebenfalls aus einem alten, schon zu Beginn des 17. Jahrhunderts von den Portugiesen angelegten Fort entstanden ist. Heute ist Santarém durch seinen Anschluß an die Transamazonas-Straße und die in den Mato Grosso führende Urwaldstraße zu einem wichtigen Verkehrsknotenpunkt geworden. Man ist jetzt schon in den Staat Pará gelangt; die Hälfte der Reise ist vorüber. Bevor man nach Belém kommt, durchquert das Schiff noch ein Gewirr vieler Wasserläufe und tausender kleinerer und größerer Inseln, die zusammen das gewaltige **Delta des Amazonasstroms** bilden. Eine riesige Insel liegt davor, so groß wie die Schweiz, die **Insel Marajó.** Man sieht Fischerboote mit Segeln. Der gelbschlammige Amazonas wälzt sich ins Meer, auf viele Kilometer hinaus sichtbar.

Belém ist mit 800 000 Einwohnern eine interessante Tropenstadt. Sie besitzt einen wichtigen Hafen. Sie ist eine moderne Stadt, hat aber noch ein paar romantische alte Straßen in der Nähe des Hafens, mit netten kleinen Geschäften. Interessant ist der **Markt „Ver-o-Peso",** wo man alles mögliche kaufen kann: Obst und Gemüse, Schnaps und Tabak, Kleider, Vogelfedern, Puder, typische Gerichte und vieles andere mehr. Und dann muß man das **Museum Goeldi** sehen mit den Sammlungen von Fetischen, Werkzeugen und Waffen der Indianer. Daneben liegt der **Zoologische Garten** (Bosque Rodrigues Alves). Da sieht man die Tiere des tropischen Urwalds, die Krokodile, die Jaguare und Affen, und dann vor allem die zahlreichen Vögel mit vielfarbig leuchtendem Gefieder.

Einen schönen Blck auf die Stadt und die Guajará-Bucht gewinnt man vom „Forte do Castelo". In der Nähe von Belém gibt es einige attraktive Süßwasserstrände (Mosqueiro, Chapéu Virado u. a.).

Auf dieser Reise hat man einen Eindruck von Brasilien bekommen, der sehr verschieden ist von dem, was man im heiter beschwingten Rio, im fortschrittlichen São Paulo, im beschaulichen barocken Minas Gerais oder im supermodernen Brasília erlebt hat. Hier ist eine wilde, ursprüngliche Landschaft, unerschlossene Natur, die der Mensch bisher noch nicht zu verändern vermocht hat. Wegen des Klimas vielleicht für manchen ein wenig strapaziös, ist es doch ein gewaltiges Erlebnis, ein großes Abenteuer.

Salvador (Bahia)

Die Hauptstadt des Bundesstaates Bahia, Salvador, liegt am Eingang der Baía de **Todos os Santos** („Allerheiligenbucht") und ist ein wichtiger Hafen. Die Einwohnerzahl ist auf fast 1,5 Millionen angewachsen; davon sind der weitaus überwiegende Teil Neger und Mulatten. Zur Zeit des blühenden Sklavenhandels war Salvador der Haupteinfuhrhafen für afrikanische Arbeitskräfte. In keiner anderen brasilianischen Stadt ist daher der Einfluß des afrikanischen Elements so stark fühlbar. Das schafft ein ganz besonderes Fluidum.

Salvador war vor Rio die Hauptstadt der damaligen portugiesischen Kolonie. Es beherbergt noch außerordentlich viele Relikte jener vergangenen Zeit: herrliche Kirchen im Barockstil, alte Paläste, Festungsanlagen, finstere Kellergewölbe und tiefe Brunnen. Es ist gewissermaßen eine altmodische Stadt. Viele bezeichnen sie als die „brasilianischste" aller Städte Brasiliens, und sicherlich: die Atmosphäre der gesamten geschichtlichen Entwicklung des Landes ist nirgends stärker fühlbar als gerade hier.

Die 1548 gegründete Stadt hat sich stufenförmig entwickelt. Sie besteht aus zwei deutlich voneinander geschiedenen Teilen. Die Oberstadt liegt auf einem hoch aufragenden, lang hingezogenen Felsenrücken; die Unterstadt zieht sich unmittelbar am Ufer hin. Die beiden Stadtteile sind durch einen leistungsfähigen Aufzug miteinander verbunden. In dem 10 m tiefen Hafen, der durch zwei lange Wellenbrecher geschützt ist, legen die großen Überseeschiffe an. Hier liegen auch die vielen bunten Fischerboote: ein Wald von Masten. In der unteren Stadt herrscht das geschäftige Leben der Banken und der Handelshäuser vor. Der Reisende sollte nicht versäumen, sich den berühmten „**Mercado Modelo**" anzusehen. Hier drängt sich ständig eine bunte Menge: man hört das Geschrei der Verkäufer, die ihre Waren anbieten; man zieht den scharfen Geruch frisch gefangener Fische und Krebse und getrockneten Fleisches in die Nase. Der Tourist bleibt stehen, um sich kunstgewerbliche Gegenstände anzusehen. An einer anderen Stelle wieder gibt es die vorzüglichen typischen Gerichte Bahias zu kosten, scharf gewürzt, wie es zu dem feucht-heißen tropischen Klima paßt, nach Rezepten gekocht, die mit den Vorfahren der schwarzen Köche aus Afrika herübergekommen sind. Samstags kann man hier „Capoeiras" sehen, interessante tänzerische Darbietungen. In der Unterstadt besichtigt man noch die beiden **Forts São Marcelo** und **Monte Serrat** und vor allem die interessanten Kirchen „**Nosso Senhor do Bomfim**" und „**Conceição da Praia**".

Die berühmtesten Kirchen liegen jedoch in der Oberstadt. **Das Kloster „São Francisco"** bietet ein besonderes Prunkstück: die größtenteils im Laufe des 17. Jahrhunderts erbaute Klosterkirche. Wie selten sonstwo wird der Besucher hier beeindruckt durch wertvolle Schnitzereien, schöne Pfeiler und herrlich vergoldete Altäre und Decken. Sehr schön sind auch die kunstvollen Kachelarbeiten. Es handelt sich hier um ein Meisterwerk der Barock-Architektur. Gleich daneben steht eine andere sehenswerte **Franziskanerkirche, „Ordem Terceira de São Francisco",** mit einer besonders beeindruckenden Fassade.

Der Besucher sollte sich außerdem unbedingt auch die von den Jesuiten im Renaissance-Stil erbaute **Kathedrale** von Salvador ansehen.

In der Stadt gibt es 76 größere und kleinere Kirchen, die in ihrer Gesamtheit in starker Weise das Stadtbild bestimmen.

Im Zentrum steht das **Rathaus** mit einem hübschen Vorhof. Auch der **Regierungspalast („Rio Branco") des Bundesstaates Bahia** und das **Erzbischöfliche Palais** werden die Aufmerksamkeit des Besuchers auf sich ziehen, der indessen der Atmosphäre Bahias in der Ladeira do Pelonrinho am nähesten kommt. Das **Staatliche Museum** bietet eine beeindruckende Sammlung von Gebrauchsgegenständen und Schmuck aus der kolonialen Epoche. Sehenswert ist das **Museum für Kirchliche Kunst.**

Berühmt sind auch die **Museen „Recôncaro"** und **„Costa Pinto",** die beide von soziologisch-historischem Interesse sind.

Neben seinen architektonischen Sehenswürdigkeiten, die geschichtliche Erinnerungen heraufbeschwören, gibt es noch etwas anderes, was die Touristen nach Salvador zieht: die ungewöhnliche **Originalität und Vielfältigkeit der brasilianischen Folklore.** Die Leute von Bahia verstehen es, **Feste zu feiern.** Und welche Vielzahl von Festen! Fast immer ist es das Fest eines Heiligen. Als die afrikanischen Sklaven in Brasilien ankamen, mußten sie auf Befehl der Krone innerhalb von wenigen Monaten getauft werden. Oft legten sie daraufhin in ihrer neuen Religion einen Fanatismus an den Tag, der gar nicht verlangt wurde, der aber ihrem zur Ekstase neigenden Temperament entsprach. Und gleichzeitig fuhren sie fort, ihre alten afrikanischen Idole anzubeten. So entstand jene merkwürdige Mischung von christlichen Zeremonien und fetischistischen Praktiken, die heute noch fortlebt. (Wie angeblich auch noch afrikanische Sprachen in Salvador gesprochen werden.)

Das Jahr beginnt mit dem Fest „Nosso Senhor dos Navegantes". Eine große, feierliche Schiffsprozession, an der alle Arten von Fischerbooten teilnehmen, begleitet die reich geschmückte Barke mit dem Standbild des „Lieben Herrn Jesus der Seefahrer" durch die Wasser der Bucht. Im Anschluß daran wird in der Kirche „Boa Viagem" ein Hochamt zelebriert. Ebenfalls im Januar findet das Fest des „Bom Jesus do Bomfim" statt. Dies ist das volkstümlichste der kirchlichen Feste Bahias. Auf offener Straße werden Messen gelesen. Feuerwerkskörper werden abgebrannt, und man feiert ein lautes Volksfest unter freiem Himmel. Auf dem Marktplatz bildet sich ein riesiger Umzug mit Pferdefuhrwerken. Ihnen folgen weißgekleidete Negerinnen mit Wasserkrügen auf dem Kopf. Vor der Kirche „Bomfim" angekommen, wird das Wasser zunächst von den Trägerinnen in das Gotteshaus getragen und dort über die Marmorfliesen ausgegossen. Daraufhin ergreift die frenetische Menge den Besen, um eine rituelle Reinigung der Kirche vorzunehmen. Nach diesem Höhepunkt des Festes wird noch tagelang weitergefeiert. In Zelten und Buden werden Devotionalien und Eßwaren verkauft.

Auch Palmsonntag und die Feste des Santo Antônio, des São João und des São Pedro sind lärmende Volksvergnügen mit Umzügen, Gesang und Tanz, Illumination und Feuerwerk. Auf den Jahrmärkten werden Wettkämpfe ausgetragen, die „Capoeiras", die aus einem Negertanz hervorgegangen sein sollen und eine Art Judo sind. Dazu wird gesungen und musiziert. Die Darbietungen der „Capoeiristas" dürfen bei den mit den religiösen Festen verbundenen Volsfesten nicht fehlen; sie sind bei der einfachen Bevölkerung ungemein beliebt. Natürlich wird auch der Karneval mit großer Begeisterung gefeiert, wenn er auch an Umfang und Pracht der Ausstattung nicht an den von Rio herankommt. Dafür ist Salvador wahrscheinlich der geeignetste Ort, um die spiritistischen Zeremonien zu beobachten, die hier Candomblés genannt werden. Es soll in der Stadt etwa zweihundert religiöse Gemeinschaften geben, die diese Kulte betreiben. Auf Touristen üben sie immer eine starke Anziehungskraft aus. Die Candomblés finden vor allem in den Vierteln Brotas und Rio Vermelho statt. Die Polizei (Delegacia de Jogos e Costumes) gibt unter der Telefonnummer 3 16 73 gerne Auskunft über gerade stattfindende bzw. bevorstehende Candomblé-Veranstaltungen und nennt die betreffenden Adressen. Monotone Musik, Chorgesang, wilde Tänze, Medien die in Trance fallen, all das erlebt der Besucher, um den sich die Gläubigen kaum kümmern (s. S. 40).

Im Innern des Staates Bahia, in den weiten Viehzuchtgebieten, gibt es noch ein interessantes typisches Fest. Es heißt „Bumba-meu-boi" und hat zum Thema den Tod und die Auferstehung eines Ochsen. Man sieht Szenen mit Tänzen und Gesang und Maskenumzüge. Es ist ein einfältiges und naives Spiel, das aber gerade durch diese Ursprünglichkeit seinen Eindruck auf den Touristen nicht verfehlt.

In Bahia sieht man auch noch eine der originellsten **Trachten** Brasiliens, die Kleidung der Baiana, der Negerin oder Mulattin von Bahia. Sie wird noch immer von den Marktfrauen und Straßenverkäuferinnen getragen. Ein grellfarbiger weiter Rock, die ausgeschnittene weiße Bluse mit kurzen Ärmeln, ein bunter Schal, auf dem Kopf eine Art Turban, dazu noch viel billigen, auffälligen Schmuck: Ringe, Ketten, Armbänder — so sieht man sie, ihre Waren auf dem Kopf schleppend, durch die Straßen ziehen oder auf den Märkten herumsitzen.

In den Antiquitätengeschäften sind unter anderem merkwürdige, fetischistische Amulette zu erwerben.

Man kann diesen Abschnitt über die folkloristisch interessanteste Stadt Brasiliens nicht abschließen, ohne die beste und abwechslungsreichste Küche des Landes zu erwähnen. Die **Küche von Bahia** ist in starkem Maß durch die afrikanische Kochkunst beeinflußt. Ihre Hauptelemente sind das Palmenöl, die Kokosmilch und der Nelkenpfeffer. Das bekannteste Gericht wird „Vatapá" genannt. Es wird aus Reismehl, Fisch und Krabben und vielen Beigaben, vor allem Gewürzen, zubereitet. Ein weiteres typisches Gericht heißt „Caruru". Es enthält Gemüse, Zwiebeln und Krabben. „Sarapatel" ist gehacktes Schweinefleisch und „Muqueca" ein gebackener Fisch mit Maisfladen. „Acarajé" und „Abará" schließlich sind pikante Bohnengerichte.

Der Reisende, der gastronomische Abenteuer liebt, sollte mit diesen Spezialitäten nicht in den Hotels Bekanntschaft machen, sondern bei den Negerköchinnen, die — auf niedrigen Hockern sitzend — ihre Speisen an Straßenbecken oder in kleinen Holzbuden feilbieten.

Hat der Reisende diese originelle Stadt genügend kennengelernt, so kann er entlang der Avenida Oceânica, 70 km lang an einer schönen, häufig mit Palmen gesäumten Küste mit vielen attraktiven Stränden (besonders erwähnenswert Piatã und Itapoã) bis Arembepe fahren, einem kleinen Fischerort. Sehr beliebt sind auch Bootsexkursionen zu den verschiedenen kleinen Inseln der Bucht. (Diese werden sowohl von der Companhia de Navegação Bahiana wie auch von anderen Firmen angeboten.)

Recife (Pernambuco)

Die für die Schiffahrt und den Luftverkehr gleichermaßen wichtige Stadt Recife, die Hauptstadt des Bundesstaates Pernambuco, hat heute rd. 1,7 Millionen Einwohner. Eine Gründung der Portugiesen, war die Stadt einmal fünfundzwanzig Jahre lang von den Holländern besetzt, die von hier aus ihr „Niederländisch-Brasilien" verwalteten und auszudehnen gedachten. An diese Zeit erinnern noch manche Gebäude in den älteren Teilen der Stadt. Wegen seiner vielen, zum Teil schon älteren Brücken, die sich über die beiden die Stadt durchfließenden Wasserläufe spannen, hat man Recife den Beinamen „Brasilianisches Venedig" verliehen. Unter den zahlreichen Kirchen verdient vor allem die wegen ihrer achteckigen mit schönen Deckenmalereien versehenen Kuppel berühmte Barock-Kirche **„São Pedro dos Clérigos"** Erwähnung. Im übrigen ist Recife eine moderne Großstadt. Eine kulinarische Berühmtheit sind die Fischgerichte, die man an den Strandorten Pina, Bôa Viagem und Piedade angeboten erhält. Besuchenswert sind das Zuckermuseum und das anthropologische Institut Joaquim Nabuco.

Auf einer guten Autostraße fährt man in das nur 7 km entfernte **Olinda**, die älteste Siedlung von Pernambuco und frühere Hauptstadt dieses Gebietes. Man findet stille Gassen und schöne alte Patrizierhäuser. Auf einem Hügel, von dem aus man eine hübsche Aussicht auf Recife und Umgebung hat, erhebt sich das sehenswerte Franziskanerkloster. Olinda besitzt auch einen ausgezeichneten Strand, der von hohen Kokospalmen beschattet wird. 10 km nördlich von Olinda liegt auf der **Insel Itamaracá** die von den Holländern erbaute Festung „Forte de Oranje".

An der gesamten Küste des brasilianischen Nordostens sieht man immer noch die „Jangadas", jene Segelflöße, mit denen die Küstenbewohner aufs Meer hinausfahren, um auf Fischfang zu gehen. Diese Flöße bestehen aus einigen zusammengefügten, etwa sieben Meter langen leichten Baumstämmen. Vorn befindet sich der Mast, an dem ein großes dreieckiges Segel befestigt ist, und hinten das Steuerruder. Mit diesen primitiven, aber doch sehr seetüchtigen Fahrzeugen, bleiben die „Jangadeiros", meist zu dritt eine Mannschaft bildend, oft mehrere Tage auf offener See, um so den Lebensunterhalt ihrer Familien zu verdienen. Wassersportbegeisterten Touristen kann man einen Ausflug mit der Jangada empfehlen.

Die Wirtschaft und der Reichtum Recifes beruhten früher fast ausschließlich auf dem in dieser Gegend besonders viel angebauten Zuckerrohr und seiner Verarbeitung in den zahlreichen Engenhos und Zuckerfabriken der unterschiedlichsten Größe. Auch heute noch spielt das Zuckerrohr im Hinterland von Recife eine wichtige wirtschaftliche Rolle. Der Unterschied zwischen reich und arm ist stark ausgeprägt. Der Besucher sollte die an dem schönen Strand von **Boa Viagem** angelegten eleganten neuen Wohnviertel besuchen, aber auch die schmutzigen Viertel, wo die Armen sich mit Cachaça (Zuckerrohr-Schnaps) trösten. Auch sie erleben ihre aufregendsten Tage in der Karnevalszeit, wobei hier die alten afrikanischen kultischen Elemente eine noch stärkere Rolle zu spielen scheinen als in Rio.

Eine Reise in den brasilianischen Süden

Curitiba (Paraná)

Von São Paulo aus erreicht man leicht Curitiba, die Hauptstadt des Bundesstaates Paraná.

Curitiba liegt auf einer Hochebene, 900 m über dem Meeresspiegel, und hat ein sehr angenehmes Klima. Die Einwohnerzahl beträgt 800 000; darunter sind viele Abkömmlinge von Deutschen. Curitiba ist eine moderne Stadt mit vielen Hochhäusern im Zentrum. In der Umgebung befinden sich ausgedehnte Wälder von Araukarien, den brasilianischen Pinien. Sehenswert ist der Stadtpark im Zentrum. Im außerhalb gelegenen Ortsteil Santa Felicidade findet man vorzügliche italienische Restaurants.

Mit der Eisenbahn gelangt man nach einer begeisternd schönen, 110 km langen Fahrt, die Ausblicke auf tiefe Täler und üppig bewaldete Hügel bietet, in die Hafenstadt **Paranaguá** mit ihrer tiefen Bucht. Paranaguá ist der Ausfuhrhafen des Bundesstaates Paraná mit seiner reichen Kaffeeproduktion und seinem wirtschaftlich bedeutenden Holzhandel. An der südlich verlaufenden Küste und auf benachbarten Inseln gibt es gute Strände. Am beliebtesten sind die Strandplätze Caiobá und Guaratuba, die in einer bezaubernden Landschaft liegen und über gute Hotels verfügen.

Reizvoll ist eine Fahrt mit dem Motorboot zu dem verträumten Fischerort Guaraqueçaba, quer durch eine ausgedehnte, seichte Lagune hinweg, in der sich Delphine tummeln. Den Hintergrund bilden die mit tropischem Wald bewachsenen zerklüfteten Berge der „Serra do Mar".

Der Naturpark von Iguaçu und die berühmten Wasserfälle

Curitiba ist der Ausgangspunkt für den Besuch der gewaltigen, die nordamerikanischen Niagarafälle in den Schatten stellenden, Wasserfälle des Iguaçu. Vorher besuche man auf der Straße nach Iguaçu die nur 100 km von Curitiba entfernten Gesteinsformationen von Vila Velha, wo Wind und Wasser die erstaunlichsten Formen aus den Felsen herausgearbeitet haben. Auf dem weiteren Weg nach Westen erlebt man zunehmend eine üppige subtropische Vegetation, Gebiete einer erst in den letzten Jahren durchgeführten Besiedelung, wo viele Deutschstämmige wohnen, die zumeist aus Rio Grande do Sul gekommen sind.

Ein Erlebnis ganz besonderer Art aber ist es, die **Wasserfälle des Iguaçu** zu sehen. Sie befinden sich 20 km vor dem Zusammenfluß dieses Flusses mit dem Paraná, der weiter oben, bei der

Ortschaft **Guaíra** bereits selber die großartigen „Sieben Fälle" (Sete Quedas de Guaíra) bildet. Genau an der Stelle, wo Brasilien, Argentinien und Paraguay zusammenstoßen, ziehen sich die beiden parallelen Stufen der insgesamt achtzehn Kaskaden des Iguaçu in einem Bogen von 3700 m über den Fluß. Ihre durchschnittliche Wassermenge pro Stunde beträgt rund 150 Millionen Kubikmeter. Die Gewalt der bis zu 85 m tief stürzenden Wassermenge wird auf eine Million PS geschätzt. Von verschiedenen Punkten gewinnt man beeindruckende Teilansichten dieses mächtigen Naturschauspiels.

In der nahe gelegenen **Ortschaft Foz do Iguaçu** findet der Tourist gute Hotels. Hier ist auch die große Brücke, die Brasilien und Paraguay miteinander verbindet. Foz do Iguaçu ist von São Paulo und Curitiba aus mit dem Flugzeug zu erreichen. Für denjenigen, der etwas Zeit hat, ist jedoch die Fahrt mit dem Überlandbus oder, noch besser, mit dem Leihwagen zu empfehlen. Auf dem Weg von Curitiba gelangt man auch durch die Stadt Guarapuava, in deren Nähe sich die blühende Donauschwaben-Siedlung Entre-Rios befindet.

Santa Catarina

Der südlich von Paraná liegende Staat Santa Catarina ist weitgehend durch seine teilweise Besiedelung durch Deutsche geprägt. Noch heute trifft man hier viele deutschsprachige, blonde Menschen, die nichtsdestoweniger gute und patriotische Brasilianer geworden sind. Auch viele der Häuser in den kleinen Landstädtchen, die Kirchen und Plätze erinnern an den Baustil Mitteleuropas. Die wichtigsten Städte des deutschen Siedlungsgebietes sind die in üppiger Landschaft gelegenen Industriestädte Blumenau und Joinville. Landschaftlich besonders schön liegt die Hauptstadt Florianópolis, ein Ort mit noch nicht einmal 150 000 Einwohnern. Florianópolis liegt auf der langgestreckten schmalen Insel Santa Catarina vor dem Festland, mit dem es durch eine 850 m lange Brücke verbunden ist. Die Stadt weist eine Reihe schöner alter Häuser auf. Auf der Insel gibt es eine große Anzahl sehr schöner Strände. Der bekannteste der Strände von Santa Catarina aber ist Camboriú bei dem Hafen Itajaí.

Für den deutschsprachigen Touristen ist es besonders interessant, auf der guten Straße das Itajaí-Tal bis nach Rio do Sul hinaufzufahren, ein nahezu rein deutsches Siedlungsgebiet in tropischer Mittelgebirgslandschaft. Die Stadt Blumenau ist nach ihrem Gründer benannt, der Mitte des vergangenen Jahrhunderts viele deutsche Auswanderer in diese Gegend brachte.

Das Land der Gaúchos (Rio Grande do Sul)

Der südlichste Staat Brasiliens ist Rio Grande do Sul. Er grenzt im Südwesten an Uruguay, das im vergangenen Jahrhundert ebenfalls einmal für kurze Zeit brasilianisch gewesen ist, und im Nordwesten an Argentinien. Die Hauptstadt Pôrto Alegre, die heute etwa 2,5 Millionen Einwohner hat, darunter mehr als zehn Prozent Nachkommen von deutschen Einwanderern, liegt am Ufer des Guaíba-Flusses, kurz vor dessen Einmündung in die riesige Lagôa dos Patos. Die erst 1740 gegründete Hafenstadt hat in den letzten Jahrzehnten als Handelsmetropole und wichtiges Industriezentrum ein rapides Wachstum erlebt. Die Innenstadt mit den Gebäuden der staatlichen und städtischen Verwaltung, den Banken und Agenturen sowie den vielen Geschäften liegt auf einer in den Fluß hinausragenden Halbinsel. Sehr interessant ist die große und ständig belebte **Praça da Alfândega,** an der sich die Hauptpost, verschiedene große Bankhäuser und einige Kinos befinden. Die Hauptgeschäftsstraße ist die für Fußgänger reservierte **Rua dos Andradas,** wo es immer von Menschen wimmelt, die ihre Einkäufe machen oder sich hier mit Freunden zu langen Unterhaltungen treffen. Ein schöner Platz ist auch die **Praça Marechal Deodoro.** An der einen Seite erblickt man die imposante Fassade des **Regierungspalastes** mit dem Staatsparlament sowie die **Kathedrale.** Auf der gegenüberliegenden Seite steht das alte **Theater „São Pedro"** und der **Justizpalast.** Schöne Spaziergänge kann man in dem großen **„Parque Farroupilha"** machen. In seiner Mitte befindet sich ein kleiner See, an einer anderen Seite das moderne **Freilicht-Auditorium „Araújo Vianna",** nicht weit von den Gebäuden der **Universität.** Elegante Wohnviertel sind Moinhos de Vento und einige hügelige Vororte, von denen man schöne Ausblicke auf den breiten, verästelten Fluß oder die bis zu den Ausläufern der Serra reichenden Ebene hat. Eine ganz besonders eindrucksvolle Aussicht auf die Wolkenkratzer-Silhouette der Innenstadt gewinnt man vom **Morro de Santa Teresa** aus. Noch am Fluß und etwas weiter, am Ufer der Lagune, gibt es einige schöne **Strandplätze** (Ipanema, Guarujá). Die besten Strände aber liegen an der Atlantikküste, 140—210 km von Pôrto Alegre entfernt. Am bekanntesten unter ihnen sind **Torres, Tramandaí** und **Capão da Canoa** geworden.

30 bis 40 km nördlich von Pôrto Alegre liegen die beiden hauptsächlich von Deutschstämmigen bewohnten Städte **São Leopoldo** und **Novo Hamburgo,** das Zentrum der Schuhindustrie Brasiliens.

Noch weiter im Norden, um die moderne Stadt **Caxias do Sul** herum, haben italienische Einwanderer den Weinbau heimisch gemacht. Zu dem im Februar stattfindenden Winzerfest strömen die Besucher aus dem ganzen Süden Brasiliens, um sich den großen phantasievollen Umzug anzusehen und die vorzüglichen Trauben und Weine zu kosten. In der Serra gibt es einige schön gelegene und ruhige Ausflugsorte, von denen **Gramado** mit seinen wildwachsenden Hortensien und **Canela**, in dessen Nähe sich ein entzückender Wasserfall, der Caracol, befindet, die bekanntesten sind. Auch die gewaltige **Schlucht von Itaimbèzinho** ist sehenswert.

Im Nordwesten des Staates liegt, 500 km von Pôrto Alegre entfernt, die Zone der ehemaligen Jesuiten-Missionen, in denen die Indianer einige Zeit — bis zur Vertreibung der Mönche — Zuflucht vor den Sklavenjägern aus dem Gebiet von São Paulo fanden. Einige Ruinen des „Jesuitenstaates" findet man noch in der Gegend von **Santo Ângelo.** In dieser Gegend haben sich auch viele deutsche Siedler niedergelassen.

Der Südwesten von Rio Grande do Sul wird von der **Pampa** eingenommen, jener Prärie, die sich von hier über Uruguay hinweg bis weit nach Argentinien hinzieht. In dem dünn besiedelten Gebiet weiden die riesigen Herden von Rindern und Schafen, die das ganze Jahr über im Freien bleiben. Nur von wenigen Bodenwellen unterbrochen, ist dieses flache Weideland fast ohne jeden Baum oder Strauch. Ab und zu springt ein Strauß mit langen Schritten davon. Dies ist auch das Land der wilden Pferde, die, bevor sie geritten werden können, erst einmal mit dem Lasso eingefangen und gezähmt werden müssen. Die Männer, deren Aufgabe es ist, die nach Zehntausenden zählenden Herden auf den riesigen Fazendas zu überwachen, nennt man hierzulande Gaúchos. In einem weiteren Sinn nennen sich dann alle Bewohner dieses südlichsten Staates Brasiliens so, denn diese harten und stolzen Männer der weiten Steppe genießen ein großes Ansehen. Die richtigen Gaúchos sind das Ergebnis einer Mischung der ersten abenteuerlichen iberischen Einwanderer, die wiederum von den kriegerischen Berbern stammen sollen, mit einheimischen Indianerfrauen. Selbst illegitime Kinder, leben sie, familienlos, nur unter sich und mit dem Vieh auf den fernen Estâncias, weit weg von jedem größeren Ort. Zwischen ihren regelmäßigen Ritten zu den verschiedenen Weideplätzen rasten sie in der Mittagshitze im Schatten eines Schuppens, schweigsam ihren Chimarrão (Mate) aus einem ausgehöhlten Kürbis durch ein Silberrohr ziehend. Ihre Nahrung besteht fast ausschließlich aus dem Rindfleisch, das sie als Entlohnung in großen Mengen bekommen. Diese schwere Kost ist wohl nur mit Hilfe des staubigen, scharf schmeckenden Mate zu verdauen. Die Gaúchos tragen breitrandige Hüte, Ponchos, bunte Leibbinden, weite Hosen und harmonikaförmige Lederstiefel. Beim Hereinbrechen der Nacht, wenn es auf einmal ziemlich kühl wird, hocken sie sich um ein Feuer. Wieder wird Ochsenfleisch gebraten, der berühmte „Churrasco", und in einem Kessel brodelt schon das Wasser für die Zubereitung des nächsten „Chimarrão". Die Gaúchos haben eigenartige traurige Lieder, die sie mit der Gitarre begleiten.

ABC für Brasilienreisende

Abkürzungen
VARIG = Luftverkehrsgesellschaft von Rio Grande do Sul
VASP = Luftverkehrsgesellschaft von São Paulo

Andenken

In jeder Region Brasiliens gibt es besondere Andenken. Natürlich findet man sehr viel Kitsch. Hübsch sind meistens kleine Stoffpüppchen mit den typischen Kostümen der betreffenden Gegend. Auch Dolche, Halstücher u. ä. sind als Andenken begehrt. Außerdem gibt es viele bunte Wimpel. In Rio Grande do Sul werden vor allem das Chimarrão-Zubehör („Cuia" mit Ständer und „Bombilha") und die Figur des lassowerfenden Gaúchos verkauft. In Bahia sind es mehr Stickereien, Spitzen und Schmuckgegenstände (Ketten, Broschen, Ringe) sowie Antiquitäten, die zum Kauf locken. Auch findet man schöne in Kupfer gehämmerte Wandbilder, die ländliche Szenen oder Menschentypen darstellen. Fast überall findet man Gegenstände oder Schnitzereien aus heimischen Hölzern und natürlich rohe oder bearbeitete Halbedelsteine.

Arbeitsrecht

Ausländische Arbeitnehmer müssen zur Arbeitsaufnahme ein Dauervisum vorlegen. Die gesetzliche Arbeitszeit beträgt 48 Stunden pro Woche. In Bürobetrieben sind 35 bis 44 Wochenstunden bei freiem Samstag üblich. Überstunden, Feiertagsbezahlung, Urlaub sind geregelt. Es bestehen gesetzlich festgelegte Mindestlöhne, die in den einzelnen Bundesstaaten verschieden sind, am höchsten im Wirtschaftsraum Rio de Janeiro und São Paulo, am niedrigsten in den Nordstaaten. Ausländer können nicht im öffentlichen Dienst, in Bergwerken und beim Fischfang beschäftigt werden. Ausländische akademische Diplome werden nicht anerkannt. Zur Aufnahme eines entsprechenden Berufes muß der Ausländer nochmals an einer brasilianischen Universität ein Examen ablegen. Ausnahmen gibt es für akademische Mangelberufe.

Auskünfte

In Deutschland erteilen Auskünfte: Der Ibero-Amerika-Verein, Hamburg 36, Alsterglacis 8, Tel. 442695; das Bundesverwaltungsamt — Amt für Auswanderung — Köln, Habsburgerring 9, Telefon 233821; die Deutsch-Brasilianische Gesellschaft, Bonn, Schumannstraße 2, Tel. 226883; die brasilianische Botschaft in Bad Godesberg und die verschiedenen brasilianischen Konsulate.

In Brasilien wende man sich an die deutschen Konsulate. Dort erfährt man auch alles über die am betreffenden Ort bestehenden deutschsprachigen Einrichtungen, wie Kulturinstitute, Handelskammern und deutsche Vereine. Weiterhin kann man sich dort die Adressen von deutschsprachigen Ärzten oder Priestern geben und sich sagen lassen, wo man Geschäfte mit deutschsprachiger Bedienung findet.

Für rein touristische Informationen stehen dem ausländischen Gast die Hotels sowie die Fremdenverkehrs- und Reisebüros zur Verfügung.

Einkäufe

Bedarfsartikel jeder Art kann man in den großen Warenhäusern kaufen. Hier sind die Preise fest. Wer um den Preis zu feilschen versteht, kann manchmal in kleineren Geschäften günstiger einkaufen, aber das ist Glückssache. Spezialgeschäfte lasse man sich von seinem Hotel empfehlen.

Einreise, Paßbestimmungen und Impfvorschriften

Bürger der Bundesrepublik Deutschland, Österreichs und der Schweiz sind für einen Aufenthalt bis zu drei Monaten (einmalige Verlängerung in Brasilien möglich) vom Visumzwang befreit, wenn sie gültige Reisepässe und bezahlte Rück- oder Weiterreise-Fahrscheine vorweisen können.

Ein Zeitvisum (Visto temporário) wird solchen Personen erteilt, die sich aus kulturellen oder geschäftlichen Gründen in Brasilien aufhalten wollen. Das Visum sollte mindestens 6 Wochen vor der geplanten Ausreise bei dem zuständigen brasilianischen Konsulat beantragt werden. Zu diesem Zweck sind außer dem Paß noch einige andere Unterlagen einzureichen (Gesundheitszeugnis, polizeiliches Führungszeugnis usw.). Ähnlich ist die Prozedur zur Erlangung des Dauervisums. Es empfiehlt sich in jedem Fall, frühzeitig mit dem zuständigen brasilianischen Konsulat in Verbindung zu treten.

Impfzwang besteht gegen Pocken, jedoch nicht für Kinder unter einem Jahr. Reisende in das Gebiet von Belém (Pará) müssen außerdem gegen Gelbfieber geimpft sein. Kinder zwischen drei Monaten und sechs Jahren müssen gegen Kinderlähmung geimpft sein, falls sie sich länger als drei Monate in Brasilien aufhalten sollen. Die Impfdosis muß im Impfzeugnis vermerkt sein. Malariaschutz wird angeraten bei Reisen in das Amazonasgebiet.

Elektrogeräte

Elektrische Geräte sind in Brasilien teurer als in Mitteleuropa. Dennoch lohnt sich wegen des hohen Zolls die Einfuhr meist nicht. Auch beträgt die elektrische Spannung meist (aber wiederum nicht überall) 110—120 Volt (Wechselstrom; Frequenz 50 HZ oder 60 HZ), so daß man unter Umständen einen Transformator benötigt oder sogar das Gerät umbauen lassen muß, was indes nicht immer möglich ist.

Feiertage

Die nationalen Feiertage sind:

1. Januar — Neujahrsfest, Tag der Weltweiten Verbrüderung
21. April — Gedenktag des Tiradentes, des Vorkämpfers der Unabhängigkeit Brasiliens, der im Jahre 1792 an diesem Tag von den Portugiesen hingerichtet wurde
1. Mai — Tag der Arbeit
25. Juli — „Tag des Einwanderers" (Feiertag in Rio Grande do Sul zur Erinnerung an die Einwanderung von Deutschen im Jahre 1824)
7. September — Unabhängigkeitstag, zum Gedenken an die Ausrufung der Unabhängigkeit Brasiliens im Jahre 1822
15. November — Tag der Republik, zur Erinnerung an die Ausrufung der Republik 1889

Die bedeutendsten religiösen Feiertage sind:

6. Januar — Dreikönigsfest
Karneval (Carnaval)
Aschermittwoch
Palmsonntag
Gründonnerstag
Karfreitag
Ostern (Páscoa)
Christi Himmelfahrt (Ascenção do Senhor)
Pfingsten (Espírito Santo)
Fronleichnam (Corpus Christi)
29. Juni — Peter und Paul
15. August — Mariä Himmelfahrt
1. November — Allerheiligen (Todos os Santos)
2. November — Allerseelen
8. Dezember — Mariä Empfängnis
25. Dezember — Weihnachten (Natal)

Dazu kommt noch eine Vielzahl lokaler Feiertage. Unter den profanen sind die folgenden zu erwähnen:

20. Januar — Gründungstag der Stadt Rio de Janeiro
25. Januar — Gründungstag der Stadt São Paulo
26. Januar — Gründungstag der Stadt Santos
2. Juli — Unabhängigkeitstag des Staates Bahia

Oben: São Paulo. Blick auf das Stadtzentrum →
Unten: Salvador (Staat Bahia)

Fotografieren

Fotoapparate sind in Brasilien sehr teuer. Es empfiehlt sich also auf jeden Fall, seine Kamera aus Europa mitzubringen. Filme jeder Art sind in Brasilien erhältlich; das Entwickeln wird ebenfalls dort vorgenommen.

Fremdenverkehrs- und Reisebüros

Diese Einrichtungen, die Sie beraten und Ihnen Ihre Reise und die Unterkunft besorgen, finden Sie in jeder Stadt Brasiliens. Lassen Sie sich gegebenenfalls in Ihrem Hotel die betreffenden Adressen nennen. Deutschsprachige Reisebüros kann man sich im Konsulat angeben lassen.

Gepäckbeförderung

Man kann das Gepäck als Frachtgut bei einer Speditionsfirma aufgeben. Reisende ziehen es oft vor, das Gepäck im Omnibus oder im Flugzeug mit sich zu führen, selbst wenn es sich um eine größere Anzahl von Stücken handelt. Bei den Überland-Omnibussen geht das meistens ohne irgendwelche Schwierigkeiten. Bei den Flügen gelten die üblichen Bestimmungen für Freigepäck; was darüber liegt, kommt einigermaßen teuer.

Geselligkeit

Die wohlhabenden Schichten führen ihr gesellschaftliches Leben zu einem großen Teil in den zu diesem Zweck geschaffenen, oft sehr luxuriösen Clubs. Einladungen ins Haus sind weniger üblich, kommen aber vor. Natürlich kann man seinen Gast in ein vornehmes Restaurant einladen.

Gesundheitsvorsorge

Es ist nicht notwendig, eine Reiseapotheke aus Europa mitzuschleppen, da alle Medikamente im Land erhältlich sind. Bei Unfällen verständigt man die Polizei, die auch die Einlieferung in einen „Pronto Socorro" vornimmt.

Getränke

Unter den alkoholischen Getränken wird vor allem Bier getrunken. Der Zuckerrohr-Schnaps wird „Cachaça" genannt. Es gibt guten brasilianischen Whisky, Kognak und Wermut. Gut sind auch die Weine aus Rio Grande do Sul. Bei den Weinen unterscheidet man zwischen „seco" (herb), „suave" (lieblich) und „doce" (süß); außerdem unterscheidet man zwischen „Champagne" (Sekt) und „Espumante" (Schaumwein). Es gibt Weißweine und Rotweine. Natürlich trinkt man auch verschiedene kohlensäurehaltige Er-

← Teatro Amazonas in Manaus

frischungsgetränke; besonders bemerkenswert ist die „Guaraná"-Limonade. Es gibt auch guten Tee und schließlich Mate. Außerdem wird sehr viel Kaffee getrunken.

Gewerkschaften

Einwanderer können den brasilianischen Gewerkschaften beitreten und genießen die gleichen Rechte und Vergünstigungen wie brasilianische Staatsangehörige. Eine Zwangsmitgliedschaft besteht nicht.

Grunderwerb

Ausländer sind beim Erwerb von Grund und Boden keiner Beschränkung unterworfen. Lediglich innerhalb eines 80 km breiten Streifens entlang der Landesgrenze kann ein Ausländer Grund und Boden nicht erwerben. Bei Landangeboten sollte man sich unbedingt mit den zuständigen Behörden in Verbindung setzen.

Jugendherbergen

Das Wandern ist in Brasilien nicht sehr verbreitet. Jugendherbergen sind fast völlig unbekannt. In einigen Naturparks gibt es Wanderheime. Reisenden, die sich dafür interessieren, ist zu empfehlen, sich mit dem „Touring Club do Brasil" in Verbindung zu setzen, der in allen größeren Städten seine Nebenstellen hat. Camping beginnt sich allmählich zu verbreiten.

Kleidung

Touristen, die sich während der Sommermonate November bis März in Brasilien aufhalten wollen, sollten leichte Kleider mitbringen, wie man sie in Mitteleuropa im heißesten Hochsommer trägt. Für die Wintermonate, d. h. von Mai bis September, benötigt man wärmere Kleidung, besonders in den Südstaaten, wo auch Mäntel und Wollsachen erforderlich sind. Während der Regenzeit, in manchen Landesteilen während des ganzen Jahres, braucht man Regenschirm und Regenmantel. Kurze Hosen oder Tropenhelme machen den Träger absolut unmöglich. Dagegen kann man mit kurzärmeligem Hemd und ohne Krawatte herumlaufen. In guten Hotels und Restaurants wird allerdings darauf geachtet, daß Herren Jackett und Krawatte tragen. Hüte sieht man in den Städten bei Männern wie bei Frauen selten.

Für Frauen gibt es keine besonderen Regeln hinsichtlich der Garderobe. An den Stränden können Bikinis getragen werden.

Kraftfahrzeuge.

Die Einfuhr von Kraftfahrzeugen unterliegt Bestimmungen, die sich nach der Länge des Aufenthalts richten. Nähere Ausführungen bei den brasilianischen Vertretungen erfragen. Im allgemeinen dürfte sich die Einfuhr von Personenwagen nach Brasilien kaum lohnen. Man kauft besser brasilianische Modelle.

Kriminalität

Wie überall auf der Welt, wo die Bevölkerungsdichte (vor allem die Verstädterung) zunimmt und die soziale Problematik anwächst, gibt es auch in Brasilien eine zunehmende Kriminalität, die sich vor allem in Raubüberfällen und Einbrüchen äußert. Vorsicht ist am Platze.

Lebenshaltung

Da die brasilianische Gesellschaft eine außerordentlich fühlbare Klassenstruktur aufweist, kann man unmöglich von einer allgemeinen brasilianischen Lebenshaltung sprechen. Außerdem gibt es noch starke regionale Unterschiede. Grob gesprochen bietet sich folgendes Bild: Die reiche Oberschicht der Industriellen, Bankiers und Großgrundbesitzer pflegt einen Lebensstil, der an Aufwand und Luxus dem der europäischen Reichen entspricht. Was die Zahl der Dienstboten und das Gefühl für soziale Distanz betrifft, so übertrifft man die europäische Geldaristokratie. Die Mittelschichten genießen einen Lebensstandard, wie ihn in Westeuropa der sog. Mittelstand, aber auch die Arbeiterschaft hat. Für die Lebenshaltung der untersten Schichten der brasilianischen Bevölkerung gibt es in Mitteleuropa kein Gegenstück.

In Brasilien lebende Ausländer sind zum allergrößten Teil den Mittelschichten zuzurechnen. Wer lange Jahre als selbständiger erfolgreicher Geschäftsmann gewirkt hat, darf vielleicht hoffen, allmählich in die Oberschicht aufzusteigen.

Über die Lebenshaltungskosten für einen Ausländer läßt sich schwer etwas sagen, da sie vom Verlauf der Inflation und der Wechselkursentwicklung abhängen. Wer sich dafür interessiert, muß sich deshalb Informationen über den jeweils jüngsten Stand einholen (siehe Stichworte Auskünfte).

Leihwagen

In allen größeren Orten sind Leihwagen mühelos erhältlich, z. T. schon auf den Flughäfen, sonst über Hotels und natürlich über die Firmen selbst. Für Touristen über 21 Jahre mit gültigem internationalem Führerschein sind sie eine gute Möglichkeit, das Land besser kennenzulernen.

Mahlzeiten

Man hat in Brasilien drei Mahlzeiten: Frühstück, Mittagessen und Abendessen. Zum Frühstück trinkt man üblicherweise Kaffee mit Milch und ißt Weißbrot mit Butter und Marmelade oder Honig oder Wurst und Käse. Frühstück und Mittagessen werden zu den gleichen Zeiten eingenommen wie in Mitteleuropa. Nach dem Mittagessen trinkt man meist noch einen Mokka („Cafèzinho"). Der Nachmittagskaffee mit Kuchen ist nicht üblich. Das Abendessen findet unter Umständen etwas später statt als z. B. in Deutschland. Vor den Mahlzeiten kann man einen Aperitif zu sich nehmen. Während des Essens wird fast immer etwas getrunken (Bier, Wein oder Limonade). Nach dem Essen jedoch wird man selten noch viel Alkohol trinken (s. S. 124 Essenzeiten in Hotels).

Maße und Gewichte

In Brasilien wird das metrische System angewendet. Es existieren noch alte Maße, die aber heute keine Rolle mehr spielen.

Öffnungszeiten

Kaufhäuser und die größeren Einzelhandelsgeschäfte haben ungefähr die gleichen Öffnungszeiten wie in Deutschland. Kleine Läden sind oft bis spät abends und auch sonntags geöffnet. Banken haben nur am Nachmittag Publikumsverkehr. Manche Behörden arbeiten nur nachmittags, andere sind vormittags zwei Stunden und nachmittags drei Stunden geöffnet.

Post, Telegraf, Telefon

Das Post- und Telegrafenwesen ist in voller Entwicklung begriffen. Bei der Ausdehnung des Landes sendet man die Briefe auch im Inland zweckmäßigerweise per Luftpost, weil es sonst zu lange dauert. Dem Touristen ist anzuraten, seine Post dem Hotel zur Absendung zu überlassen. Auch Telegramme können üblicherweise durch die Hotels aufgegeben werden. Von den großen Städten kann man mühelos Telefonverbindungen nach Mitteleuropa herstellen.

Sozialversicherung

Arbeitnehmer, die bis zum Fünffachen des jeweils gesetzlich festgelegten Mindestgehaltes verdienen, sind versicherungspflichtig. Die Beiträge werden vom Arbeitgeber und Arbeitnehmer gemeinsam bezahlt. Bei der Berechnung der Krankenunterstützung und der Altersrente wird das Durchschnittsgehalt oder der Durchschnittslohn der letzten 12 Monate zu Grunde gelegt, soweit die betreffende Summe als Grundlage für die Beitragsberechnung gedient hat. Die Krankenunterstützung beträgt davon 70%, dazu 1% für je zwölf gezahlte Beiträge, höchstens jedoch 20%. Die Invalidenrente und die Altersrente können unter gewissen Voraussetzungen bis zu 100% des genannten Grundlohnes betragen.

Für die Altersrente ist Voraussetzung, daß mindestens fünf Jahre lang Beiträge gezahlt worden sind. Die obligatorische Unfallversicherung trägt allein der Arbeitgeber (Beitrag 1,2—7%) des Gehalts). Auch Wochenbeihilfen, Begräbnisbeihilfen und Hinterbliebenenrente sind geregelt. Die Praxis ist noch unvollkommen.

Sport und Hobbys

In Brasilien kann man viele Sportarten betreiben. Die Brasilianer selbst sind sehr sportbegeistert. Bei der langen Küste und den ausgedehnten Stränden ist es nicht verwunderlich, daß in Brasilien der Wassersport eine große Bedeutung hat. Neben dem Schwimmen, Rudern und Segeln sind auch Wasserski und Wellenreiten sehr beliebt. In ganz Brasilien ist der Reitsport ungemein verbreitet. Regelmäßig werden große Rennen veranstaltet. Große Möglichkeiten bietet Brasilien in fast allen Landesteilen, aber ganz besonders in den Urwaldgebieten, den Jägern und Anglern.

In den Clubs wird vor allem Tennis und Golf gespielt. Der populärste Sport jedoch, dem von allen Bevölkerungskreisen gehuldigt wird, ist das Fußballspiel. Die Spiele der großen Vereine werden mit größter Aufmerksamkeit verfolgt und die berühmten Spieler sind jedermann bekannt. Der ehemalige Nationalspieler Pelé zum Beispiel genießt noch immer großes Ansehen. Die wichtigsten Vereine werben sich gegenseitig immer wieder die besten Spieler ab, wobei enorme Summen gezahlt werden. Das riesige Stadion von Maracanã (in Rio de Janeiro) faßt mehr als 150 000 Besucher; es ist damit eines der gewaltigsten Fußballstadien der Welt.

Staatsangehörigkeit

Die brasilianische Staatsangehörigkeit kann nach fünfjährigem ständigem Wohnsitz in Brasilien erworben werden. Vorausgesetzt sind: guter Leumund, Kenntnis der portugiesischen Sprache, eine berufliche Tätigkeit. Die Wartezeit kann in bestimmten Fällen herabgesetzt werden.

Bei Beantragung muß vorgelegt werden: ein Gesundheitsattest sowie der Nachweis, daß ein Beruf ausgeübt wird bzw. Vermögen vorhanden ist. In Brasilien geborene Kinder von Ausländern sind durch Geburt Brasilianer.

Steuern

Von natürlichen Personen und Gesellschaften erhebt der Bund eine Einkommensteuer. Das Einkommen der Einzelpersonen wird je nach der Art des Einkommens zunächst mit 0 bis 10% besteuert. Hinzu tritt eine progressive Zusatzsteuer von 1% bis 60%. Außer einer jährlichen Freigrenze sind bestimmte Beträge für den Ehepartner und für jedes minderjährige Kind steuerfrei. Die Steuerbestimmungen ändern sich häufig. Ein Doppelsteuerungsabkommen mit der Bundesrepublik Deutschland besteht nicht, so daß auch der nur vorübergehend in Brasilien Tätige dort voll steuerpflichtig (und sozialversicherungspflichtig) ist.

Straßenverkehr

In Brasilien gelten, mit geringfügigen Abweichungen, die gleichen Verkehrsregeln wie in den europäischen Ländern. Die Verkehrszeichen sind sehr ähnlich und leicht verständlich. Jeder ausländische Autofahrer sollte sich sofort nach seiner Ankunft an den Automobil-Club wenden, um dort alle für ihn wichtigen Auskünfte einzuholen. Die Verkehrsdichte in den Städten ist sehr groß. Die Fahrer benehmen sich oft nicht besonders diszipliniert. Ampeln und Zebrastreifen sind selten und werden nicht unbedingt beachtet. Die Unfallquote ist sehr hoch.

Tabus

Bei einem in seiner Masse so abergläubischen Volk wie den Brasilianern gibt es natürlich viele Tabus. Bei den aufgeklärten Schichten der städtischen Bevölkerung merkt man aber wenig davon. Nur eine Regel gilt ziemlich allgemein: Beim Verlassen einer fremden Wohnung darf der Besucher nicht selbst die Türe öffnen, sondern muß warten, bis ihm vom Gastgeber geöffnet wird. Andernfalls — so heißt es — bedeutet das, daß der Gast nie wieder in diese Wohnung kommt.

Taxis

In brasilianischen Städten wimmelt es von Taxis. Man hält sie an, indem man vom Gehsteig aus ein entsprechendes Zeichen gibt. Nachts zeigt das beleuchtete Taxischild an, daß der Wagen frei ist. Die Taxis sind mit Taxametern ausgestattet.

Trinkgeld

Das Trinkgeld ist in der Rechnung jeweils enthalten, selbst wenn es nicht besonders angeführt wird. Zusätzliche Trinkgelder werden gern entgegengenommen.

Taxifahrern und Platzanweisern wird im allgemeinen kein Trinkgeld gegeben.

Unterkunft

In den Städten kommen wohl nur Hotels in Frage, von denen es überall eine große Anzahl gibt. Auf dem Land kann man — vor allem in Fremdenverkehrsorten — unter Umständen sehr gut in einer Pension unterkommen (s. Hotelverzeichnis Seite 121)

Vergnügungsstätten

Bars, Nachtlokale („Boites, Boates, Cabarés") und Diskotheken gibt es in den Großstädten in hinreichender Anzahl und vom unterschiedlichsten Niveau. Hier wird eine reiche Auswahl für jeden Geschmack geboten.

Verkehrsmittel

In den Städten kommt in erster Linie das Taxi in Frage, sonst der Omnibus. Für den Überlandverkehr sind Omnibusse, bei großen Entfernungen Flugzeuge die gegebenen Verkehrsmittel.

Verpflegung

Die brasilianische Küche ist im allgemeinen nicht besonders abwechslungsreich. Dafür lieben es die Brasilianer, die es sich leisten können, möglichst viel zu essen. Die Grundnahrung besteht aus Reis, Bohnen und Rindfleisch oder Schweinefleisch. Sehr häufig ißt man auch einen Kartoffelsalat mit viel Essig sowie Nudeln. Viele Brasilianer leiden unter Magenbeschwerden. Europäische Küche ist teurer, aber auf die Dauer bekömmlicher. Vor allem vermißt der Europäer Gemüse. Der Tourist sollte in jeder Gegend die typischen Gerichte ausprobieren, vor allem auch in Bahia.

Versicherungen

Der Brasilienreisende sollte zweckmäßigerweise noch vor seiner Abreise in Europa eine Auslandsversicherung gegen Krankheit und Unfall und eine Gepäckversicherung abschließen.

Verständigung

Die offizielle Sprache Brasiliens ist Portugiesisch. Wer die Absicht hat, längere Zeit in Brasilien zu bleiben, sollte diese Sprache unbedingt erlernen. Mit spanischen Sprachkenntnissen kann man sich notdürftig durchhelfen, ohne indes überall richtig verstanden zu werden oder gar selber gut zu verstehen. In den großen Städten kann man gegebenenfalls mit Englisch einigermaßen zurechtkommen, Französisch ist weniger nützlich. In den entsprechenden Kolonisationsgebieten im Süden kann man sich mit Deutsch und Italienisch verständlich machen.

Währung und Devisen

Die brasilianische Landeswährung ist der Cruzeiro (abgekürzt: Cr$), der in 100 Centavos unterteilt ist. Im Umlauf sind Münzen im Wert von 1, 2, 5, 10, 20 und 50 Centavos. Bezüglich der Einfuhr von brasilianischer oder fremder Währung bestehen keinerlei Beschränkungen. Beträge bis zum Gegenwert von 100 US-$ können normalerweise ohne Schwierigkeiten ins Ausland überwiesen werden. Touristen können Devisen bis zur Höhe des bei der Einreise eingetauschten Betrags erwerben und ausführen. 1 US-$ = 16,4 Cr$; 1 DM = 8 Cr$ (Frühjahr 1978).

Der Umtausch von Noten wird zweckmäßigerweise in einem „Câmbio" (Wechselstube) vorgenommen. Schecks und Reiseschecks kann man nur in einer dazu autorisierten Bank einlösen, am besten im „Banco do Brasil". Wer in Brasilien arbeitet, sollte — gleichgültig, in welcher Währung er sein Gehalt bezieht — darauf bestehen, daß seine Bezüge dynamisch der Entwicklung der Lebenshaltungskosten angeglichen werden.

In Hamburg gibt es zwei große deutsche Banken, die sich auf den Zahlungsverkehr mit Südamerika spezialisiert haben, nämlich die Deutsch-Südamerikanische Bank und die Deutsche Überseeische Bank. Die Deutsche Überseeische Bank hat Niederlassungen in Berlin, Düsseldorf und Köln, die Deutsch-Südamerikanische Bank hat ebenfalls eine Niederlassung in Berlin sowie Vertretungen in Bonn, Düsseldorf, Frankfurt und Stuttgart. Außerdem gibt es in Hamburg und Frankfurt eine Niederlassung des Banco do Brasil.

Vertretung der Deutschen Überseeischen Bank in Brasilien:
Banco Alemão Transatlântico, Rua 15 de Novembro 137, São Paulo, Tel. 2370191/95

Vertretung der Deutsch-Südamerikanischen Bank in Brasilien:
Sudamero Consultória Ltda., Rio de Janeiro/GB, Rua Teofilo Otoni 15, Caixa Postal 1599; Tel. 2233822

Sudamero Consultória Ltda., São Paulo/SP, Avenida da Luz 220, Caixa Postal 6764; Tel. 2355375

Wehrdienst

Ausländer werden nicht zum Wehrdienst verpflichtet. Deutsche Wehrpflichtige in Brasilien, die ihren ständigen Aufenthalt in der Bundesrepublik nicht aufgegeben haben, können für die Dauer ihres Auslandsaufenthaltes von der Wehrmeldepflicht befreit werden.

Zeitunterschied

Die Mitteleuropäische Zeit ist der brasilianischen Zeit um vier Stunden voraus. Wenn es also beispielsweise in Deutschland Mittag ist, ist es in Brasilien acht Uhr morgens.

Zoll

Die Mitnahme von Kleidungsstücken, Schmucksachen sowie anderen Gegenständen des persönlichen Gebrauchs, darunter auch Fotoapparat und Filmkamera, sowie Souvenirs im Werte von nicht mehr als 100 US-$ pro Stück, ist zollfrei. Die Gebrauchsgegenstände müssen wieder mit ausgeführt werden. Auch ein Kraftfahrzeug darf zollfrei eingeführt werden. Beim Betreten des Landes sind Carnet de Passage und internationaler Führerschein vorzuweisen. Es wird ein Bankdepot in Höhe des Zollwerts des Wagens verlangt, das bei Wiederausfuhr zurückerstattet wird.

Mit Zeitvisum (Visto temporário) einreisende Techniker, Lehrer usw. genießen darüber hinaus Zollbefreiung für Haushaltsgegenstände und berufliche Gebrauchsgegenstände. Nähere Einzelheiten sind bei den brasilianischen Konsulaten zu erfragen. Die Erledigung der Formalitäten nimmt mindestens 6 Wochen in Anspruch. Das Umzugsgut muß nach Beendigung des Aufenthalts wieder ausgeführt werden.

Wer mit einem Dauervisum nach Brasilien kommt, kann die ihm gehörenden Gegenstände zollfrei einführen, wenn sie in Menge und Wert einen bestimmten Betrag nicht überschreiten und nicht zum Handel bestimmt sind. Wegen der einzelnen Bestimmungen wende man sich an die brasilianischen Auslandsvertretungen.

Für die Mitnahme von Waffen, auch Sportwaffen, ist eine Einfuhrlizenz des brasilianischen Heeresministeriums erforderlich.

Hotelverzeichnis nach Orten und Klassen

Das folgende Verzeichnis kann nur einige der empfehlenswerten Hotels nennen.

Rio de Janeiro

Erstklassig:

Rio-Sheraton (Avenida Niemeyer 121, Tel. 2871122)
Nacional Rio (Avenida Niemeyer 769, Tel. 3991000)
Intercontinental (Avenida Litorânea 222, Tel. 3992200)
Copacabana Palace (Avenida Atlântica 1702, Tel. 2571818)
Leme Palace (Avenida Atlântica 656, Tel. 2578080)

Sehr gut:

Miramar (Avenida Atlântica 3668, Tel. 2476070)
Ouro Verde (Avenida Atlântica 1456, Tel. 2571880)
Glória (Praia do Russel 632, Tel. 2548010)
Excelsior (Avenida Atlântica, Tel. 2571950)

Gut:

Califórnia (Avenida Atlântica 2616, Tel. 2571900)
Trocadero (Avenida Atlântica 2064, Tel. 2571834)
Sol Ipanema (Avenida Vieira Souto 320, Tel. 2270060)
Continental Palace (Rua Gustavo Sampaio 320, Tel. 2562660)

São Paulo

Erstklassig:
São Paulo Hilton (Avenida Ipiranga 165, Tel. 2560033)
Othon Palace (Rua Líbero Badaró 190, Tel. 2393277)
Eldorado (Avenida São Luís 234, Tel. 2570222)

Sehr gut:
Jaraguá (Rua Major Quedinho 44, Tel. 2566633)
Danúbio (Avenida Brigadeiro Luís Antônio 1099, Tel. 2394033)
Samambaia (Rua 7 de Abril 422, Tel. 2395533)

Gut:
Comodoro (Avenida Duque de Caxias 525, Tel. 2201211)
Excelsior (Avenida Ipiranga 770, Tel. 2393177)
Planalto (Avenida Cásper Líbero 117, Tel. 2277311)
Nobilis (Rua Santa Ifigênia 72, Tel. 2322774)

Santos

Gut:
Universo Palace (Avenida Presidente Wilson 142, Tel. 411144)
Indaiá (Avenida Ana Costa 431, Tel. 41134)

Belo Horizonte

Sehr gut:
Normandy (Rua Tamóis 212, Tel. 226133)
Del Rey (Praça Afonso Arinos 60, Tel. 222211)
Excelsior (Rua Caetés 753, Tel. 222600)

Gut:
Amazonas (Avenida Amazonas 120, Tel. 244611)
Itatiaia (Praça Rui Barbosa 187, Tel. 224322)
Cecília (Rua Carijós 454, Tel. 229322)

Brasília

Sehr gut:
Nacional (Tel. 230050)
Torre Palace (Tel. 233360)
Brasília Palace (Tel. 239405)

Gut:
Diplomat (Tel. 232010)
Itamarati Parque (Tel. 236050)

Manaus

Sehr gut:
Tropical Hotel (Tel. 341165)
Amazonas (Praça Alberto Vale, Tel. 23150)

Gut:
Novo Mundo (Rua Miranda Leao 193, Tel. 20895)
Alvorada (Rua Comandante Clementino 220, Tel. 27614)

Belém

Sehr gut:
Equatorial Palace (Avenida Brás Aguiar 612, Tel. 233089)
Excelsior Grão-Pará (Avenida Presidente Vargas 718, Tel. 223555)

Gut:
Vitória Régis (Tr. Frutuoso Guimarães 260, Tel. 227612)
Tropical (Tr. Primeiro de Março 121, Tel. 230430)

Salvador

Sehr gut:
Meridien Bahia (Rua Fonte do Boi, Tel. 58011)
Bahia Othon Palace (Avenida Presidente Vargas)
Da Bahia (Praça 2 de Julho 2, Tel. 38519)
Salvador Praia (Avenida Presidente Vargas 2032)

Gut:
Oxumaré (Avenida 7 de Setembro 22)
Baía do Sol (Avenida 7 de Setembro 238)
Plaza (Avenida 7 de Setembro 212)
Bahia de Todos os Santos (Avenida 7 de Setembro 15)

Recife

Sehr gut:
Miramar (Rua dos Navegantes 363, Tel. 262794)
Mar (Rua Barão de Souza Leão 451, Tel. 262783)

Gut:
Boa Viagem (Avenida Boa Viagem 5000, Tel. 260611)
Colonial (Avenida Boa Viagem 4020, Tel. 261831)

Curitaba

Sehr gut:
Caravelle Palace (Rua Cruz Machado 282, Tel. 234323)
Mabu (Praça Santos Andrade 830, Tel. 227040)
Iguaçu (Rua Cândido Lopes 102, Tel. 248322)

Gut:
Presidente (Rua Westphalen 33, Tel. 237242)
Guaíra Palace (Praça Rui Barbosa 537, Tel. 249911)
Grande Hotel Moderno (Rua 15 de Novembro 582, Tel. 226611)

Foz do Iguaçu

Sehr gut:
Das Cataratas (Tel. 721386)
Carimã (Tel. 721144)
Colonial Iguaçu (Tel. 721377)

Gut:
Estoril (Avenida República Argentina, Tel. 721033)
Ortega (Avenida Brasil 1140, Tel. 721233)

Florianópolis

Sehr gut:
Querênica (Rua Jerônimo Coelho 1, Tel. 3840)
Royal (Tr. João Pinto, Tel. 2515)

Gut:
Bruggemann (Rua Santos Saraiva 300, Tel. 6685)
Tivoli (Rua Santos Saraiva 649, Tel. 6559)

Pôrto Alegre

Sehr gut:
Plaza São Rafael (Avenida Alberto Bins, Tel. 246524)
Plaza (Rua Senhor dos Passos 154, Tel. 249700)
Everest Palace (Rua Duque de Caxias 1357, Tel. 247355)

Gut:
Metrópole (Rua Andrade Neves 59, Tel. 246199)
Savoy (Avenida Borges de Medeiros 688, Tel. 240511)
Laçador (Rua Uruguai 330, Tel. 246188)

* * *

Die Essenszeiten in den Hotels sind etwa: Frühstück 8—10 Uhr, Mittagessen 12—15 Uhr, Abendessen nach 19 Uhr.

Wichtige Adressen

Diplomatische und konsularische
Vertretungen der Bundesrepublik
Deutschland in Brasilien

A. **Botschaft, Brasília,** Avenida das Nações 25, Tel. 437466

B. **Konsulate:**
1. Generalkonsulat in **Rio de Janeiro,** Rua Presidente Carlos de Campos 417, Tel. 2257220
   Amtsbezirk: Staaten Rio de Janeiro, Espirito Santo, Minas Gerais
2. Generalkonsulat in **São Paulo,** Rua Augusta 257, Tel. 2569933
   Amtsbezirk: Staaten São Paulo, Mato Grosso und Goiás
3. Generalkonsulat in **Curitiba,** Av. João Gualberto 1237, Tel. 524244
   Amtsbezirk: Staaten Paraná und Santa Catarina
4. Generalkonsulat in **Pôrto Alegre,** Rua Prof. Annes Dias 112, Tel. 249255
   Amtsbezirk: Staat Rio Grande do Sul
5. Generalkonsulat in **Recife,** Avenida Dantas Barreto 191, Tel. 2243530
   Amtsbezirk: Staaten Acre, Alagoas, Amazonas, Bahia, Ceará, Maranhão, Pará, Paraíba, Pernambuco, Piauí, Rio Grande de Norte, Sergipe; Bundesterritorien Amapá, Fernando de Noronha, Rondônia, Roraima
6. Wahlkonsulat in **Belo Horizonte,** Rua Carijós 244, Edificio „Walmap", Tel. 223411
   Amtsbezirk: Staat Minas Gerais
7. Wahlkonsulat in **Goiânia,** Avenida Anhanguera 3503, Tel. 2230351. Amtsbezirk: Staat Goiás
8. Wahlkonsulat in **Manaus,** Av. Eduardo Ribeiro 520, Tel. 2345509.
   Amtsbezirk: Staaten Amazonas und Acre, Territorien Rondônia und Roraima
9. Wohlkonsulat in **Belém,** Travessa Campos Sales 63, Tel. 4513
   Amtsbezirk: Staat Pará und Bundesterritorium Amapá
10. Wahlkonsulat in **Fortaleza,** Rua General Bezirril 644, Tel. 14594
    Amtsbezirk: Staat Ceará
11. Wahlkonsulat in **Salvador,** Rua Rodrigues Alves 19, Tel. 22632.
    Amtsbezirk: Staaten Bahia und Sergipe
12. Wahlkonsulat in **Vitória,** Avenida Nossa Senhora da Penha 429, Tel. 70725
    Amtsbezirk: Staat Espírito Santo

13. Wahlkonsulat in **Santos**, Praça V. de Maná 42, Tel. 25910
14. Wahlkonsulat in **Rolândia**, Av. Tiradentes 659, Tel. 561931
15. Wahlkonsulat in **Florianópolis**, Rua Bocaiúva 42, Tel. 222506
16. Wahlkonsulat in **Blumenau**, Rua Caetano Deeke 20, Edificio Hering, Tel. 221172
17. Wahlkonsulat in **Panambi**, Rua Carlos E. Knorr 28, Tel. 82

Diplomatische und konsularische
Vertretungen Brasiliens in Deutschland

A. **Botschaft**

5300 Bonn-Bad Godesberg, Kennedy-Allee 74, Tel. (02221) 376976/78, Sprechstunden: Montag bis Freitag 12—18 Uhr

B. **Generalkonsulate**

4000 Düsseldorf, Homberger-Straße 5/II, Tel. (0241) 496016/18 Amtsbezirk: Nordrhein-Westfalen
2000 Hamburg 13, Mittelweg 58, Tel. 440651/52, Sprechzeit: Mo bis Fr 9—13 Uhr, Amtsbezirk: Hamburg, Bremen, Schleswig-Holstein und Niedersachsen
8000 München, Widenmayerstr. 47, Tel. (089) 227741, Sprechzeit: Mo bis Fr 13—17 Uhr, Amtsbezirk: Bayern, Baden-Württemberg

C. **Konsulate**

1000 Berlin 15, Kurfürstendamm 11, Tel. (030) 8831208, Sprechtag: Mo bis Fr 10—17 Uhr, Amtsbezirk: Berlin
6000 Frankfurt/Main 1, Eschersheimer Landstr. 60,
Tel. (0611) 595803, Sprechzeit: Mo—Fr 12—16 Uhr, Amtsbezirk: Hessen, Rheinland-Pfalz, Saarland

D. **Wahlkonsulate**

5100 Aachen, Reichsweg 19, Tel. (0241) 500061, Sprechzeit: Mo bis Fr 10—12 Uhr, 15—17 Uhr, Amtsbezirk: Stadt Aachen
2820 Bremen 70, Am Sedanplatz 2, Tel. (0421) 663816
3000 Hannover-Stocken, Mecklenheidestr. 74, Tel. (0511) 7984206, Amtsbezirk: Stadt Hannover, Niedersachsen
5000 Köln, Unter Sachsenhausen 4, Tel. (0221) 211410
6500 Mainz, Hattenbergstr. 10, Tel. (06131) 66671
7000 Stuttgart, Danneckerstr. 35, Tel. (0711) 242661

Vertretungen Österreichs in Brasilien

1. Botschaft in **Brasília**, Avenida das Nações, Lote 40, Tel. 433111
2. Konsulat in **Rio de Janeiro:** Avenida Atlântica 3804, Tel. 2270040
3. Konsulat in **São Paulo:** Alameda Lorena 1271, Tel. 2126223
4. Konsulat in **Salvador:** Rua Almirante Marques Leão 1, Tel. 51013

Vertretung Brasiliens in Österreich

Botschaft und Generalkonsulat in **Wien,** Am Lugeck 1, Tel. 520631

Vertretungen der Schweiz in Brasilien

1. Botschaft in **Rio de Janeiro,** Rua Cândido, Mendes 157, Tel. 2221896
2. Konsulat in **São Paulo,** Alameda Ministro Rocha Azevedo 419, Tel. 2827598
3. Konsulat in **Santos,** Rua do Comércio 105
4. Konsulat in **Belo Horizonte,** Rua Sapucai 127, Tel. 23978
5. Konsulat in **Fortaleza,** Rua Boris 90, Tel. 4563
6. Konsulat in **Recife,** Rua do Imperador 512
7. Konsulat in **Salvador,** Rua dos Algibebes 6, Tel. 23121
8. Konsulat in **Curitiba,** Av. Barão do Cerro Azul 98, Tel. 237553
9. Konsulat in **Pôrto Alegre,** Rua General Câmera 78

Vertretungen Brasiliens in der Schweiz

1. Botschaft in **Bern,** Habsburgstr. 6, Tel. (031) 444251
2. Generalkonsulat in **Zürich,** Kreuzstr. 82, Tel. (01) 328836-37
3. Konsulat in **Genf,** Rue de la Servette 93, Tel. (022) 345530
4. Konsulat in **Lausanne,** Place St. François 5, Tel. (021) 207482

Kleine Sprachkunde

A. Aussprache

Die Aussprache des Brasilianischen ist für Ausländer nicht einfach zu erlernen. Hier sollen nur einige allgemeine Hinweise gegeben werden.
1. Die Vokale werden entweder offen oder geschlossen ausgesprochen.
2. Die Akzente é und è bezeichnen offene, der Akzent ê geschlossene Aussprache.
3. ou wird meistens wie ô, ei oft wie ê ausgesprochen.
4. Der auslautende Vokal o wird in ein u, der auslautende Vokal e in ein i abgeschwächt.
5. Folgt einem Vokal ein m oder n, so wird er nasaliert. Das gleiche gilt, wenn er das Zeichen ẽ trägt.
6. Die Konsonanten werden annähernd wie im Französischen ausgesprochen. Lediglich das r klingt wie im Spanischen oder Italienischen und das auslautende l so ähnlich wie im Englischen.
7. qu ist vor hellen Vokalen wie ein nicht aspiriertes k, vor dumpfen Vokalen dagegen wie kw auszusprechen.

8. lh klingt wie ein l mit nachfolgendem kurzen i, nh wie ein n mit nachfolgendem kurzen i.
9. Die Betonung der Wörter, die auf die Vokale a, e und o enden, liegt im allgemeinen auf der vorletzten Silbe. Die auf Konsonant endenden Wörter werden meist auf der letzten Silbe betont. Ausnahmen werden gewöhnlich durch einen Akzent angegeben.

B. Wichtige Wörter und Redewendungen

1. Höflichkeitsformen:

Bom dia!	Guten Morgen!
Boa tarde!	Guten Nachmittag!
Boa noite!	Guten Abend, gute Nacht!
Como vai?	Wie geht's?
Tudo bom!	Gut!
Até logo! (Passe bem!)	Auf Wiedersehen!
Por favor...	Bitte ...
Obrigado (obrigada)!	Dankeschön!
De nada!	Bitteschön!
Com licença!	Gestatten Sie!
Pois não!	Aber bitte! Gerne!
Disculpe!	Verzeihung!
Sinto muito!	Es tut mir leid!
Felizidades!	Alles Gute!
Muito prazer!	Sehr angenehm; freut mich sehr!
Lembranças!	Viele Grüße!
Boa viagem!	Gute Reise!

2. Konservation:

Eu sou alemão (austríaco, suíço)	Ich bin Deutscher (Österreicher, Schweizer)
Você fala alemão (inglês, francês, expanhol)?	Sprechen Sie deutsch (englisch, französisch, spanisch)?
Eu não falo português	Ich spreche kein Portugiesisch
Entende?	Verstehen Sie?
Não entendo	Ich verstehe nicht
Sim	Ja, doch
Não	Nein, nicht
Tudo	Alles
Nada	Nichts
Um pouco	Ein wenig
Onde está...? Onde fica...?	Wo ist...?
Tem...?	Gibt es...?
Como se diz em português?	Wie sagt man auf Portugiesisch?

3. Einkäufe:

Às ordens!	Sie wünschen?
Eu preciso...	Ich möchte...
Eu quero comprar...	Ich möchte... kaufen
Só?	Ist das alles?
De-me...	Geben Sie mir...
Isto aqui	Dies hier
Quanto custa? Quanto é?	Was kostet's?
Cigarro	Zigarette
Charuto	Zigarre

4. Im Restaurant:

Almoço	Mittagessen
Janta	Abendessen
Pão	Brot
Manteiga	Butter
Azeitonas	Oliven
Carne	Fleisch
Bife	Rinderbraten
Porco	Schweinefleisch
Batatas	Kartoffeln
Arroz	Reis
Feijão	Bohnen
Legumes	Gemüse
Frango	Hähnchen
Peixe	Fisch
Ovo	Ei
Quer tomar alguma coisa?	Möchten Sie etwas trinken?
Traga-me...	Bringen Sie mir...
Vinho	Wein
Cerveja	Bier
Sal	Salz
Pimenta	Pfeffer
Falta algo?	Fehlt noch was?
Sobremesa	Nachtisch
Queijo	Käse
Fruta	Frucht
Laranja	Apfelsine
Abacaxi	Ananas
Banana	Banane
Melancia	Wassermelone
Sorvete	Eis
Cafèzinho	Mokka
Chá	Tee

Açucar	Zucker
Leite	Milch
Nota	Rechnung
Gorjeta	Trinkgeld
Faca	Messer
Garfo	Gabel
Colher	Löffel
Guardanapo	Serviette
Prato	Teller
Xícara	Tasse
Garafa	Flasche
Copo	Glas

5. Im Hotel:

Apartamento	Zimmer
Sala de jantar	Speiseraum
Quarto de banho	Bad, Toilette
Chuveiro	Dusche
Elevador	Aufzug
Chave	Schlüssel
Qual é o preço?	Wie hoch ist der Preis?
H = Homens	Herren
S = Senhoras	Damen

6. Verkehrsmittel:

Avião	Flugzeug
Aeroporto	Flughafen
Onibus	Bus
Bonde	Straßenbahn
Parada	Haltestelle
Troco	Kleingeld

7. Wichtige Verben:

Fazer	Machen
Ver	Sehen
Visitar	Besuchen
Ir	Gehen
Viajar	Reisen
Pagar	**Zahlen**

8. Wichtige Adjektiva:

Bom	Gut
Ruim	Schlecht
Barato	Billig
Caro	Teuer
Grande	Groß
Pequeno	Klein
Ligeiro	Schnell
Lento	Langsam
Claro	Hell, klar
Escuro	Dunkel
Limpo	Sauber
Sujo	Schmutzig
Quente	Warm, heiß
Frio	Kalt
Fresquinho	Angenehm kühl
Leve	Leicht
Pesado	Schwer
Cedo	Früh
Tarde	Spät
Cheio	Voll
Vazio	Leer

9. Farben:

Branco	Weiß
Preto	Schwarz
Vermelho	Rot
Verde	Grün
Azul	Blau
Amarelo	Gelb
Marrom	Braun
Cinza	Grau

10. Zahlen:

1 um	10 dez
2 dois	11 onze
3 tres	12 doze
4 quatro	13 treze
5 cinco	14 quatorze
6 seis	15 quinze
7 sete	16 dezesseis
8 oito	17 dezessete
9 nove	18 dezoito

19 dezenove	90 noventa
20 vinte	100 cem
21 vinte e um	101 cento e um
30 trinta	200 duzentos
40 quarenta	300 trezentos
50 cinquenta	400 quatrozentos
60 sessenta	500 quinhentos
70 setenta	600 seiscentos
80 oitenta	1000 mil

Bibliographie

Amaral, A. B. do: Industrialisierung in Brasilien. Tübingen 1977
Antoine, C.: Kirche und Macht in Brasilien. Graz 1972
Arnau, F.: Der verchromte Urwald. Licht und Schatten über Brasilien. Frankfurt 1967
Bastide, R.: Die afrikanischen Religionen in Brasilien. Lollar 1976
Beil, J.: In Urwald und Großstadt. Ein Menschenleben im Dienste der Seelsorge und der sozialen Entwicklung. São Paulo — Aalen 1967
Berger, M.: Bildungswesen und Dependenzsituation... in Brasilien. München 1977
Besselaar, J. J. van den: Brasilien. Anspruch und Wirklichkeit. 2. Aufl. Wiesbaden 1973
Beurlen, K.: Geologie von Brasilien. Stuttgart 1970
Blau, J.: Baiern in Brasilien — Chronik der Besiedlung von São Bento durch arme Leute aus dem Böhmerwald. Gräfelfing 1958
Brasilianische Märchen. Düsseldorf 1977
Broucker, J. de: Dom Hélder Câmara. Die Leidenschaft des Friedensstifters. 2. Aufl. Graz 1971
Brunn, G.: Deutschland und Brasilien (1889—1914). Köln 1971
Brunn, G.: Brasilien. Hannover 1974
Câmara, H.: Revolution für den Frieden. 3. Aufl. Freiburg 1971
Câmara, H.: Es ist Zeit. 2. Aufl. Graz 1971
Caspar, F.: Die Tupari. Ein Indianerstamm in Westbrasilien. Berlin 1975
Daus, R.: Zorniges Lateinamerika. Selbstdarstellung eines Kontinents. Düsseldorf 1973
Delhaes-Guenther, D. von: Die deutsche Einwanderung und die Anfänge der Industrialisierung in Rio Grande do Sul. Köln 1973
Dressel, H.: Der deutschbrasilianische Kolonist im alten Siedlungsgebiet von São Leopoldo. Neuendettelsau 1967
Dressel, H.: Das reiche Land der Armen. Brasilien — heute und morgen. Neuendettelsau 1971
Faber, G.: Brasilien. Weltmacht von morgen. Tübingen 1970
Fausel, E.: Die deutschbrasilianische Sprachmischung. Berlin 1959
Fichte, H. und Mau, L.: Xango. Die afroamerikanischen Religionen. Bahia, Haiti, Trinidad. 2 Bde., Frankfurt 1976
Figge, H. H.: Geisterkult, Besessenheit und Magie in der Umbanda-Religion Brasiliens. Freiburg—München 1973
Freire, P.: Pädagogik der Unterdrückten. 3. Aufl. Stuttgart 1976; auch rororo-Sachbuch, Reinbek 1973
Freire, P.: Erziehung als Praxis der Freiheit. Stuttgart 1974
Freyre, G.: Herrenhaus und Sklavenhütte. Ein Bild der brasilianischen Gesellschaft. Köln—Berlin 1965
Freyre, G.: Sklaven, Zucker und Maschinen. Tübingen 1976

Furtado, C. und Grübener, J. (Hrsg.): Brasilien heute — Beiträge zur politischen, wirtschaftlichen und sozialkulturellen Situation Brasiliens. Frankfurt 1971
Gerbert, M.: Religionen in Brasilien. Ibero-Amerikanisches Archiv, Bd. 13. Berlin o. J.
Goergen, H. M.: Brasilien. Eine länderkundliche Skizze. Essen 1970
Goergen, H. M.: Brasilien. Nürnberg 1971 und 1973 (2 Bände)
González, J.: Dom Hélder Câmara. Bischof und Revolutionär. Limburg 1971
Granzow, K.: Pommeranos unter dem Kreuz des Südens. Deutsche Siedler in Brasilien. Tübingen 1975
Harms-Baltzer, K.: Die Nationalisierung der deutschen Einwanderer und ihrer Nachkommen in Brasilien als Problem der deutschbrasilianischen Beziehungen. Ibero-Amerikanisches Archiv, Bd. 14. Berlin o. J.
Hax, K.: Grundlagen der Unternehmungswirtschaft in Brasilien. Opladen 1968
Hiersemenzel, U. L.: Die Rolle der Exporte in der wirtschaftlichen Entwicklung Brasiliens. Göttingen 1974
Honnet, M.: Die Söhne der Sonne. Auf den Spuren vorzeitlicher Kultur in Amazonas. Freiburg 1958
Humboldt, A. von: Vom Orinoco zum Amazonas. Tübingen 1970
Ilg, K.: Pioniere in Brasilien. Innsbruck und Würzburg 1972
Italiaander, R.: Terra Dolorosa. Wandlungen in Lateinamerika. Wiesbaden 1969
Jacob, E. G.: Grundzüge der Geschichte Brasiliens. Darmstadt 1974
Jahn, C.: Pfarrei am Tigerbach. Evangelische Gemeinde in Brasilien. Erlangen 1967
Jahn, C.: Es begann am Rio dos Sinos. Geschichte und Gegenwart der Evangelischen Kirche Lutherischen Bekenntnisses in Brasilien. 2. Aufl. Erlangen 1970
Janson, M.: Die Sudene. Finanz- und Entwicklungspolitik in Nordost-Brasilien. Stuttgart 1974
Kohlhepp, G.: Agrarkolonisation in Nord-Paraná. Wiesbaden 1975
Krauel, W.: Betrachtungen über geistige Strömungen im modernen Brasilien. Hamburg 1962
Levi-Strauss, C.: Traurige Tropen. Indianer in Brasilien. Köln 1974
Lüdeking, W. R.: Kapitalhilfe. Das Beispiel Brasilien. Weinheim 1977
Lüpke, R. und Pfäfflin, G. F.: Herausforderung durch die Dritte Welt. Dargestellt am Beispiel Brasiliens. Stuttgart—München 1971
Maack, R. und Fouquet, K. (Hrsg.): Hans Stadens Wahrhaftige Historie. Marburg 1964

Martius, K. F. von: Wörtersammlung brasilianischer Sprachen (Neudruck der Ausgabe von 1867). Walluf 1969
Moser, B.: Die schwarze Muttergottes von São Paulo. Köln 1966
Niedergang, M.: 20mal Lateinamerika. Von Mexiko bis Feuerland. 4. Aufl. München 1976
Oberacker, K. H.: Der deutsche Beitrag zum Aufbau der brasilianischen Nation. Hamburg 1956
Olbricht, B.: Unternehmenspolitik bei Direktinvestitionen in Brasilien. Baden-Baden 1974
Pianzola, M.: Barockes Brasilien. Genf 1974
Rittlinger, H.: Ganz allein zum Amazonas. 6. Aufl. Wiesbaden 1973
Roiter, F. (Hrsg.): Brasilien (Bildband). Zürich—Freiburg 1969
Schmidt-Schlegel, P.: Das Staatsangehörigkeitsrecht von Brasilien und Chile. Frankfurt 1957
Schulthess, E.: Amazonas (Bildband). Zürich 1962
Schulz, H.: Hombu. Indianisches Leben in Brasilien (Bildband). Stuttgart 1962
Staden, Hans: Zwei Reisen nach Brasilien 1548—1555. 3. Aufl. Marburg 1970
Stäubli, W.: Brasília. Stuttgart 1965
Sterling, T.: Der Amazonas. Amsterdam 1973
Thomas, G.: Die portugiesische Indianerpolitik in Brasilien 1500—1640. Ibero-Amerikanisches Archiv, Bd. 10, Berlin o. J.
Wipplinger, G.: Struktur und Förderung der kleinen und mittleren Industrie in Brasilien. Tübingen 1976
Wogart, J. P.: Stabilisierungs- und Wachstumspolitik in Brasilien. Stuttgart 1974

Weitere Literatur:

Brasilien — Länderkurzberichte, hg. vom Statistischen Bundesamt, Wiesbaden
Brasilien. Merian-Heft 11/28 (Nov. 1975)
Brasilien — Merkblätter für den deutschen Außenhandel, hg. von der Bundesstelle für Außenhandelsinformation, Köln
Brasilien — Merkblätter für Auslandstätige und Auswanderer, hg. vom Bundesverwaltungsamt, Köln
Brasilien — Nagels Reiseführer, Genf
Deutsch-Brasilianische Hefte, hg. vom Lateinamerika-Zentrum, Bonn
Ibero-Amerika — Ein Handbuch, hg. vom Ibero-Amerika-Verein, Hamburg
Staden-Jahrbuch — Beiträge zur Brasilkunde, hg. vom Instituto Hans Staden, São Paulo
Wirtschaftsbericht Brasilien, hg. von der Deutsch-Südamerikanischen Bank, Hamburg
Wirtschaftsspiegel Brasilien, hg. von der Deutschen Überseeischen Bank, Hamburg

Register

Abgeordnetenhaus 34, 37
Abraço 51
Acre, Staat 20, 24, 32
Adonias Filho, Schriftsteller 48
AEG 70
Agulhas Negras 90
Alagoas, Staat 33
Alegrete 22
Aleijadinho 49, 96
Almeida, de, Schriftsteller 47
Alphabetisierung 19, 42
Altersaufbau 25
Amado, Schriftsteller 47, 48
Amapá Territorium 20, 32, 64
Amazonas, Fluß 20, 98
Amazonas, Staat 20, 32
Analphabetismus 42
Ananas 62
Andenken 110
Andrade, Drummond de, Schriftsteller 48
Andrade, J., Dramatiker 45
Andrade, M. de, Schriftsteller 48
Angra dos Reis, Atomkraftwerk 67
Arara 23
Araukarien 23
Arbeitsrecht 110
Architektur 49
ARENA, polit. Gruppierung 18, 19, 36
Arns, Bischof 39
Assimilierung 17, 30, 57
Assumpcão, L., Dramatikerin 45
Athayde, R., Dramatiker 45
Atomenergie 66
Atomvertrag, deutsch-bras. 67
Ausfuhr 70
Auskünfte 110
Außenhandel 70
Azevedo, Schriftsteller 47, 48

Bahia, Staat 33, 55, 101
Baiano 28
Bananen 62
Banco do Brasil 71, 120
Bandeira, Schriftsteller 48
Bandeirantes 14
Banken 71
Barock 15, 49, 95, 96
Barroso, Komponist 46
Baumarten 22
Baumwolle 61, 68
BAYER 70
Belém 100
Belo Horizonte 25, 68, 95
Bergbau 64
Bevölkerung 24 ff.
Binnenwanderung 25
Blei 65
Bloch, Pedro, Dramatiker 45
Blumenau 43, 107
Bodenreform 19
Bohnen 62
Bororos, Indianer 26
Bossa Nova 46
Botschaften 125
Brasilholz 13, 58
Brasília 22, 97
Brasilianische Arbeiterpartei 36
Brasilianisches Bergland 20
Brauchtum 55
Breite Front, polit. Gruppierung 18
Brusque 43
Buarque de Holanda, Komponist 46
Buddhisten 41
Bundessenat 34
Bundesstaaten 33
Butantã 50, 93

Caatinga 23
Caboclo 28
Cabral, Seefahrer 13

Cachaça 105, 113
Cafuzos 25
Câmara, Bischof 39
Camboriú 107
Campinas 43
Campos cerrados 23
Campos limpos 23
Candomblé 40, 103
Capitanias 13
Capoeira 103
Carioca 28, 90
Castelo Branco, Präsident 18
Castro Alves 47
Castro, de, Essayist 48
Caxias do Sul 108
Ceará, Staat 33
Chemische Industrie 69
Chimarrão 109, 110
Christlich-Demokratische Partei 36
Churrasco 109
Cisplatina 30
Clubs 54, 113
Congonhas, Flughafen 80
Congonhas do Campo 95
Copacabana 83, 86
Corção, Schriftsteller 48
Corcovado 84
Costa, Architekt 50, 97
Costa e Silva, Präsident 18
Cruz, Mediziner 50
Cubatão, Hafen 66
Cuiabá 79
Cunha, da, Schriftsteller 47
Curare, Gift 27
Curitiba 106

Daimler-Benz 70
DEMAG 70
Deutsche 29, 43, 106 ff.
Deutz 70
Devisen 119
Diamanten 14, 65
Dourado, Schriftsteller 48
Duarte, Regisseur 45

Edelsteine 65
Ehe 56
Einfuhr 70
Einkäufe 111
Einladungen 51
Einreise 111
Einschiffungshäfen 77
Einwanderung 29
Eisenbahnen 78
Eisenerz 64
Elektrogeräte 111
Entfernungen 80
Erdnüsse 62
Erdöl 66
Eschwege, Forscher 50
Espírito Santo, Staat 23, 33
Estado Novo 17
Estrêla 43

Fahne 38
Fahrzeugindustrie 68
Familienleben 55
Favela 25, 85
Feiertage 112
Feijão 62
Fernando de Noronha, Territorium 33
Fernsehen 44
Figueiredo, General 19
Figueiredos, Dramatiker 45
Film 44
Fische 23, 64
Florianópolis 107
Flugverkehr, inländ. 79
Flugverkehr, international 77
Flußschiffahrt 79
Folklore 102
Forstwirtschaft 62
Fortaleza 79
Fotografieren 113
Foz do Iguaçu 106
Franzosen 14
Freyre, Schriftsteller 48
FUNAI 27
Furnas 66

Furtado, Nationalökonom 50
Fußball 58, 117

Galeão, Flugplatz 77, 82
Gaúchos 28, 109
Geburtenrate 24
Geisel, Präsident 19
Gelbfieber 73, 111
Geld 71
Gemeindebezirke 33
Gepäckbeförderung 113
Geselligkeit 113
Gesundheitswesen 73
Getränke 113
Gewerkschaften 113
Gil, Komponist 46
Gilberto, Musiker 46
Glücksspiele 53
Goiás, Staat 33, 61
Gold 15, 65
Golf 48, 117
Gomes, Komponist 46
Gonçalves Dias, Schriftsteller 47
Goulart, Präsident 18, 72
Gouverneure 33
Gramado 109
Grenzprobleme 17
Grunderwerb 113
Grundschulen 42
Guaíba, Fluß 108
Guaíra 107
Guanabara 14, 82, 89
Guaraná 22, 114
Guarapuava 43, 107
Guarnieri, Komponist 46
Guerra, Regisseur 45
Guiana 14, 20
Guimarães Rosa, Schriftsteller 47, 48

Halbedelsteine 65
Handelskammern 111
„Harte Linie" 37
Heer 37

Holländer 14, 104
Holz 22, 62
Hotels 121

Iguaçu, Wasserfälle 21, 106
Ilha de Vera Cruz 13
Ilheus 61
Impfvorschriften 111
Indianer 13, 26, 47, 109
Industrialisierung 17, 59
Industrie 67
Infektionskrankheiten 73
Inflation 71
Insekten 23
Institutioneller Akt Nr. V 18
Ipiranga 15
Itabira 64, 67
Itacoatiara 99
Itaipu, Kraftwerk 66
Itaimbèzinho 109
Staipú 66
Itajaí 107
Italiener 29, 108
Itatiaia 90

Jangada 105
Japaner 29, 41
Jeito 54
Jesuiten 14, 91, 96
Jesus, de, Schriftstellerin 48
João VI. 49
Jobim, Komponist 46
Joinville 43, 107
Juden 41
Jute 62

Kaffee 16, 17, 60, 70
Kaiserreich 16
Kakao 22, 61
Karneval 53, 55, 87, 105
Kartoffeln 62
Katholizismus 38, 42
Kautschuk 22, 62, 99
Khoury, Regisseur 45

Kindersterblichkeit 24
Kinos 45
Kirchengemeinden, deutsche 32, 39
Kleidung 114
Klima 21
Kohle 65
Kolibris 23
Kommunistische Partei 36
Königreich 15
Konsulate 125
Koseritz, von, Journalist 30
Kraftfahrzeuge 114
Krankenhäuser 73
Krankheiten 73
Krupp 70
Kubitschek, Präsident 17, 72, 97
Küchenspezialitäten 104
Küstenschiffahrt 79
Kulte 38
Kunststoffindustrie 69
Kupfer 64

Lacerda, Politiker 18
Lagunen 20
Lajeado 43
Landarbeiter 19
Landwirtschaft 60
Lebenserwartung 24
Lebenshaltung 115
Lederindustrie 69
Leihwagen 115
Lemos, Schriftsteller 48
Levy, Komponist 46, 49
Libanesen 29
Lins do Rego, Schriftsteller 47
Lispector, Schriftstellerin 48
Literatur 46
Lobo, Musiker 46
Lorscheider, Bischof 39
Luftfeuchtigkeit 21
Lufthansa 77, 89, 93
Luftverkehr 77, 79
Luftwaffe 38

Machado de Assis, Schriftsteller 47, 48
Macumba 40
Mahlzeiten 115
Mais 26, 62
Malaria 73, 112
Manaus 20, 79, 98
Manganerz 64
Mangaratiba, Hafen 67
Maniok 26, 62
Mannesmann 68, 70, 95
Maracanã 117
Marajó 100
Maranhao, Staat 14, 33
Mariana 96
Marine 38
Martius, Forscher 50
Marx, Gartenbauarchitekt 50
Mate 62, 109
Mato Grosso, Staat 20, 33, 61
MDB, polit. Gruppierung 18, 36
Medici, Präsident 18
Melonen 62
Mestizen 25
Militär 36
Minas Gerais, Staat 15, 33, 95
Mineiro 28
Minifundien 72
Ministerien 34
Minuano 22
Mittelschulen 42
Möbelindustrie 70
Mohana, Schriftsteller 48
Morães, de, Schriftsteller 48
Morro Velho 65
Mourão, Schriftsteller 48
Mulatten 25, 29, 40
Munizipien 33
Museen in Rio 87
Museen in São Paulo 92
Museen in Salvador 102
Musik 46

Nahrungsmittelindustrie 69
Nationaldemokratische Partei 36

Nationalkongreß 34
Neger 14, 25, 46, 55, 87, 101
Nepomuceno, Komponist 46
Nickel 65
Niederschläge 21
Niemeyer, Architekt 50, 95, 97
Nova Friburgo 91
Novo Hamburgo 43, 69, 108
Nordestino 28

Obst 62
Öffnungszeiten 116
Ölfrüchte 62
Offizierskorps 37
Olinda 105
Orangen 62
Orchideen 23
Ouro Preto 96

Palisander 62
Pampa 23, 109
Pampulha 95
Panambi 43
Pantanal 23
Papierindustrie 69
Paquetá 89
Pará, Staat 20, 33, 100
Paraguai, Fluß 21
Paranüsse 62
Paraíba, Staat 33
Paraná, Fluß 21, 66, 79
Paraná, Staat 33, 106
Paranaguá 61, 79, 106
Parlament 18
Parteien 18, 36
Paßbestimmungen 111
Paulo-Afonso-Wasserfälle 21, 66
Pedro I., Kaiser 16
Pedro II., Kaiser 16, 90
Pelé 58, 117
Pereira dos Santos, Regisseur 45
Pernambuco 14, 33, 104
Petrobrás 66

Petrópolis 90
Pflanzenwelt 22
Pharmazeutische Industrie 69
Piauí, Staat 33, 72
Pico da Bandeira 20
Pico da Neblina 20
Pico 31 de Março 20
Piranhas 23
Polen 29
Pomerode 43
Portinari, Maler 49, 95, 97
Pôrto Alegre 29, 43, 108
Portugiesen 28
Post 116
Präfekten 33
Presse 43
Pressezensur 43
Prinz zu Neuwied 50
Privatschulen 43
Programm der nationalen Integration 19
Protestantismus 39

Quadros, Präsident 18

Ramos, Schriftsteller 47, 49
Rassen 26
Rassendiskriminierung 29
Rassenmischung 29
Rechtsprechung 35
Redemokratisierung 19
Recife 104
Regenwälder 22
Reis 61
Republik 16
Restaurants in Rio 89
Restaurants in São Paulo 93
Rio Branco, Diplomat 17
Rio de Janeiro 15, 22, 82
Rio de Janeiro, Staat 33, 89
Rio do Sul 43
Rio Grande do Norte, Staat 33
Rio Grande do Sul, Staat 29, 33, 108

Rio Madeira, Fluß 99
Rio Negro, Fluß 99
Rio Tapajós, Fluß 100
Rocha, Regisseur 45
Rodrigues, Dramatiker 45
Rondon 27
Rondônia 20, 33
Roraima 20, 33
Russen 29
Rußlanddeutsche 30

Sabará 95
Sabino, Schriftsteller 49
Salvador 13, 101
Samba 46, 86
Santa Catarina, Staat 30, 107
Santarém 100
Santa Rosa 43
Santo Amaro 94
Santo Ângelo 109
Santos 61, 79, 94
Santos Dumont, Flugplatz in Rio 80
Santos Dumont, Luftfahrtpionier 50, 93
São Francisco, Fluß 21, 66, 79
São Leopoldo 29, 39, 43, 108
São Paulo 14, 22, 43, 67, 91
São Paulo, Staat 30, 94
Scherer, Bischof 39
Schiffsreisen 77, 79
Schlangen 23, 93
Schmetterlinge 23
Schulen, deutschsprachige 43
Schulpflicht 42
Schulwesen 41
Seeräuber 13
Sekten 39
Seringeiros 99
Sergipe, Staat 33
Serra da Cantareira 94
Serra do Mar 20
Serra dos Orgãos 90
Sertão 23
Sete Quedas, Wasserfälle 66, 107

Siemens 70
Sisal 62
Sklaverei 14, 16
Slawen 29
Soja 62, 70
Sozialdemokratische Partei 36
Sozial-Fortschrittliche Partei 36
Sozialgesetzgebung 72
Sozialversicherung 116
Spanier 29
Spiritismus 39
Spix, Forscher 50
Sport 116
Sprache, deutsche 29
Sprache, portugiesische 57, 119, 127
Staatsangehörigkeit 116
Stahlerzeugung 68
Steinen, von den, Ethnologe 50
Sterblichkeit 24
Steuern 117
Straßen 78
Straßenverkehr 118
Subproletariat 25
SUDENE 35
Sumpfseen 20
Süßkartoffel 62
Swissair 77
Synoden 39
Syrer 29

Tabak 62
Tabakindustrie 69
Tabus 118
Tänze 55
Tapire 23
Taxis 118
Tee 62
Temperaturen 21
Teresópolis 90
Terra de Santa Cruz 13
Territorien 33
Textilindustrie 68
Theater 45
Tierwelt 23
Tijuca-Gipfel 89

Tiradentes 15, 96, 112
Titel 52
Todesstrafe 35
Tordesillas, Vertrag von 13
Torres 108
Touring Club do Brasil 114
Tramandaí 108
Transamazônica 78
Tres Marias 66
Trinkgeld 118
Tropenkrankheiten 50
Trovadores 55
Tukan 23

Unabhängigkeitsbewegung 15
Universitäten 42
Unterkunft 118
Urubupungá 66
Uruguai, Fluß 20
Urwaldstraßen 27

Vargas, Präsident 17, 30, 72
VARIG 77
Varnhagen, de, 47
Várzea 22
Vereine 32
Verfassung 16
Vergnügungsstätten 119
Verissimo, Schriftsteller 47, 49
Verkehrsmittel 119
Verpflegung 119
Versicherungen 119
Verstädterung 24
Verständigung 119
Viana Filho, Dramatiker 45
Viehzucht 63
Vilas Boas, Ethnologen 27
VilaVelha 106
Villa-Lobos, Komponist 46

Viracopos, Flughafen 77
Visum 111
Vitória 79
Vögel 23
Volksmusik 45
Volkswagen do Brasil 68, 70, 91
Volta Redonda 67

Währung 119
Wälder 22
Wahlrecht 35
Wappen 38
Wasserkraft 66
Wehrdienst 120
Wein 108, 113
Weiße 26
Weizen 62
Weltwirtschaftskrise 17
Wirtschaft 58
Wissenschaften 50
Wissenschaftler, deutsche 50
Wochenblätter 43
Wochenschauen 43
Wohnungsbau 19

Xingu 27

Zeitungen 43
Zeitungen, deutsche 43
Zeitunterschied 120
Zellstoffindustrie 69
Zement 68
Zensur 43
Zinn 64
Zoll 120
Zucker 58, 61, 69, 105
Zuckerhut 83